THÉORIES ÉCONOMIQUES

Croissance économique - Chômage - Inflation - Commerce international

Youmanli Ouoba

THÉORIES ÉCONOMIQUES

Croissance économique - Chômage - Inflation - Commerce international

Préface du Pr Pam Zahonogo

L'Harmattan

5-7, rue de l'École polytechnique, 75005 Paris

http://www.harmattan.fr
https://www.editions-harmattan.fr

ISBN : 978-2-336-51052-1
EAN : 9782336510521

Dédicace

A

Mon épouse Sophie et à mes enfants Taladi, Manoupouguidiba et Hamiyabidi

Remerciements

Je voudrais commencer cette note par mes pères scientifiques : Taladidia THIOMBIANO et Jean-Michel SALLES. Ces deux grands hommes m'ont donné les clés du Royaume de la Science. Merci de m'avoir aussi enseigné la plus importante devise de la vie : *Labor improbus omnia vincit*.

Je suis très reconnaissant envers mes formateurs nationaux du concours d'agrégation : Pam ZAHONOGO, Idrissa OUEDRAOGO, Eugenie MAIGA, Noël THIOMBIANO et Omer COMBARY. Sans oublier mes formateurs internationaux qui ont passé des séjours réguliers à Ouaga : Adama DIAW, Aké Gilbert Marie N'GBO et Damien AGBODJI. Mes lectures de la théorie économique ont renforcé ma conviction que le théoricien doit être humble et modeste comme vous nous l'aviez enseigné.

Avant la finalisation de cet ouvrage, des collègues ont eu le temps de lire des chapitres. Je remercie Achille DIENDERE, mon compagnon du concours d'agrégation, Salamata LOABA, Salifou OUEDRAOGO, Antoine YERBANGA, Essotanam MAMBA et Idrissa OUIMINGA. Merci également à Relwendé SAWADOGO et Hamidou SAWADOGO pour leurs avis. Sans engager votre responsabilité sur le contenu, je suis reconnaissant de vos apports constructifs.

Je remercie mes étudiants du master du Programme de Troisième Cycle Interuniversitaire (PTCI) et ceux des masters de recherche de la première et deuxième promotion de l'UFR/SEG de l'Université Thomas SANKARA. Les moments passés avec vous pendant mes cours de macroéconomie ouverte m'ont fait grandir dans le domaine grâce à vos questions et apports aux débats. En particulier, je remercie le doctorant Josias OUEDRAOGO à Bordeaux, pour la documentation utile. Puissiez-vous trouver dans ce document une source d'inspiration pour mieux faire.

Avant-propos

En économie, il n'est pas rare d'entendre que tout ce qui est fondamental est microéconomique et tout ce qui est important est macroéconomique. Cet ouvrage s'intéresse à ce qui est important à la fois pour l'économiste mais aussi pour le praticien : la croissance économique, le chômage, l'inflation et le commerce international. Ce sont des piliers kaldoriens de la politique économique.

L'ouvrage répond d'abord à un besoin personnel d'approfondissement de la culture économique sur des thèmes enseignés depuis la première année en économie. Ensuite, il vise à offrir aux étudiants des repères théoriques pour comprendre les équilibres interne et externe de l'économie d'un pays. Enfin, pour les collègues qui préparent le concours d'agrégation, il présente de façon simplifiée et synthétique, l'histoire de la pensée économique sur des thèmes clés en économie. Il expose ces développements en faisant de la place à l'analyse économique plutôt qu'aux démonstrations mathématiques et empiriques.

L'ouvrage est théorique parce que nous avons l'intime conviction que la théorie guide la pratique dans la mesure où toute théorie est fondée sur un empirisme méthodologique qui la rapproche de la réalité. C'est pourquoi, nous estimons que le praticien trouvera également des repères pour orienter ses décisions. En classe comme dans de nombreux ouvrages, l'option retenue est de traiter les thématiques de l'économie suivant la pensée dominante (*mainstream*). Dans cet ouvrage, le pluralisme méthodologique est privilégié, en exposant également les théories qualifiées d'hétérodoxes pour mettre en évidence en quoi elles enrichissent la pensée économique.

Youmanli OUOBA

Préface

Les sujets économiques restent au cœur des préoccupations des agents économiques et les débats autour des meilleures politiques à mettre en œuvre sont récurrents. Le débat public est lui-même saturé d'informations économiques. On peut bien affirmer qu'il ne se passe pas un seul jour sans qu'on entende parler dans les médias ou les discours politiques d'endettement, de déficits budgétaires, d'impôts, de salaire minimum, d'inflation, de taux de chômage, de localisation d'entreprises, de transfert de technologie,... Dans les économies modernes, les économistes s'accordent à dire que le chômage, l'inflation et l'absence de croissance constituent les trois maux fondamentaux qu'il faut comprendre et combattre. Dans un monde de plus en plus globalisé, il est évident que les relations économiques transcendent les frontières géographiques et devraient avoir des effets en termes de bien-être, de transferts de technologies, de localisation de firmes et plus généralement de croissance économique soutenable.

La persistance des problèmes économiques amène très souvent à conclure hâtivement à l'incapacité des économistes à établir un diagnostic clair et à formuler des solutions pratiques pour résoudre les difficultés économiques. Une telle conclusion renforce les doutes souvent non fondés sur la capacité des théories économiques à résoudre les problèmes de la société, au point où certains considèrent même l'économiste comme « *un expert qui saura demain pourquoi ce qu'il a prédit hier ne s'est pas produit aujourd'hui* ». Ces critiques tiennent essentiellement au fait que les théories économiques sont souvent mal lues ou analysées, ou hors de portée d'un large public parce que trop complexifiées. Pourtant, une théorie économique est vue comme un ensemble d'idées ou de concepts qui permettent de comprendre les mécanismes économiques. C'est en fait une série d'outils intellectuels qui aident leurs détenteurs à tirer des conclusions pertinentes concernant les problèmes économiques. Les théories économiques constituent de ce fait un champ majeur de la connaissance humaine et une grille de lecture exceptionnelle pour comprendre l'environnement qui nous entoure. Pour mieux saisir la marche du monde, il semble donc indispensable de connaître les théories économiques. De nombreux et excellents ouvrages existent déjà sur les théories économiques, mais ils sont souvent d'une portée analytique inaccessible. Pourtant, rendre le raisonnement économique fluide et compréhensible est une tâche exaltante dans le processus de transmission des connaissances.

C'est précisément pour répondre à cette préoccupation et permettre d'expliquer aisément les principales théories qui gouvernent les grandes décisions économiques que cet ouvrage est proposé. L'auteur fait le choix de s'intéresser aux théories de la croissance économique, aux théories explicatives du chômage et de l'emploi, aux théories de l'inflation et aux théories du commerce international. Ce sont des thématiques d'une importance avérée pour l'analyse économique et la compréhension des enjeux essentiels des économies contemporaines.

L'ouvrage fournit des repères théoriques utiles à la compréhension de ces thèmes clés en économie, en allégeant les lourdeurs mathématiques et en faisant une place prépondérante à l'analyse économique. La qualité pédagogique de l'ouvrage permet une lecture intéressante.

Dans chaque chapitre, une bonne synthèse de la pensée économique est faite avant de présenter les différentes théories qui permettent de comprendre le phénomène analysé, en distinguant les théories traditionnelles éprouvées des nouvelles théories en devenir. L'auteur ne se contente pas de présenter la pensée dominante, il fait une incursion dans les théories jugées hétérodoxes, mais dont la contribution à la pensée économique n'est pas moins importante. Ces considérations mettent en valeur les qualités exceptionnelles de cet ouvrage destiné aux étudiants en économie, aux enseignants-chercheurs et chercheurs de la discipline et d'une manière générale à tous ceux qui souhaitent avoir des repères pour lire et comprendre les nouvelles économiques. Même si l'ouvrage reste théorique, l'excellente démarche adoptée permet au praticien de trouver aisément des repères pour orienter son action et prendre des décisions éclairées.

Merci au Professeur OUOBA pour cette contribution exceptionnelle à travers ce livre fondamental.

Pam ZAHONOGO
Professeur Titulaire des Universités
Université Thomas SANKARA

Introduction générale

Les économies contemporaines font face à des défis et à des mutations croissantes qui affectent durablement le bien-être matériel des populations, les opportunités d'emploi, le pouvoir d'achat et la compétitivité des pays. Les théories économiques se sont développées pour éclairer les mécanismes sous-jacents à ces dynamiques, en explorant des questions fondamentales liées à la croissance économique, au chômage, à l'inflation et au commerce international. Comme le souligne Kaldor, la croissance économique, le plein emploi, la stabilité des prix et l'équilibre extérieur sont les quatre principaux objectifs macroéconomiques d'un pays. Cependant, il existe parfois des contradictions entre ces objectifs (conflit d'objectifs) et les décideurs politiques doivent arbitrer. La compréhension des théories y relatives est alors essentielle pour les décideurs politiques, les économistes et les praticiens, dans l'élaboration des stratégies afin d'atteindre un développement économique durable et équilibré.

La croissance économique, en référence à François Perroux, est « l'augmentation soutenue pendant une ou plusieurs longues périodes d'un indicateur de dimension ; pour une nation : le produit global brut ou net en termes réels ». Elle peut être extensive ou intensive. La croissance est extensive lorsque l'augmentation de la production résulte de l'accroissement de la quantité des facteurs de production. Le potentiel de croissance est largement influencé par des facteurs quantitatifs plutôt que par des améliorations dans l'efficacité ou la productivité. Elle est dite intensive quand l'augmentation de la production provient d'une amélioration de la combinaison productive. L'innovation joue un rôle central dans ce type de croissance. Les différents modèles de croissance permettent de comprendre le passage d'une croissance extensive vers une croissance intensive.

Les modèles traditionnels de croissance (Harrod-Domar et Solow-Swan) expliquent la croissance par l'accumulation du capital, ce qui est plus la caractéristique d'une croissance extensive qui dépend de l'utilisation de plus de ressources (capital et travail). Les nouveaux modèles de croissance (Romer, Lucas, Barro, Aghion et Howitt, etc.) qui expliquent la croissance par des facteurs comme l'innovation, le capital humain, le capital public et les externalités, sont plus adaptés à expliquer la croissance intensive. Par ailleurs, la prise en compte des cycles dans les analyses d'obédience hétérodoxe comme les théories de la croissance cyclique, chaotique, des cycles réels et de la régulation, renforce la compréhension de la croissance des économies contemporaines qui sont soumises à des chocs exogènes. Les hétérodoxes comme les postkeynésiens, les marxistes, les institutionnalistes, les féministes, les régulationnistes, les conventionnistes et les écologistes, etc., ont une vision alternative à celle des orthodoxes ou du « *mainstream* » qui regroupe le keynésianisme (bien que cette position soit discutée)[1], le monétarisme, la Nouvelle Economie Classique (NEC) et la Nouvelle Economie Keynésienne (NEK). Dans cette orthodoxie économique aussi appelée « théorie néoclassique » par certains, les

[1]Le lecteur peut se référer à l'article de Colander et *al.*, (2004) pour une discussion approfondie et controversée sur les termes orthodoxe, mainstream et hétérodoxe.

analyses de la croissance mettent plus l'accent sur l'offre, contrastant avec les approches hétérodoxes qui intègrent une vision plus large incluant des aspects de la demande et des dimensions socio-économiques.

Concernant le chômage, il se définit comme un état de déséquilibre du marché du travail, caractérisé par un excès d'offre de travail par rapport à la demande de travail. La plupart des pays se réfèrent aux critères établis par le Bureau international du travail (BIT) qui renvoient à trois conditions : (i) être sans travail, (ii) être disponible pour travailler et (iii) rechercher effectivement un travail. Cependant, les limites de ces critères résident dans le «halo» du chômage, une notion qui désigne les situations des personnes qui n'étaient pas comptabilisées comme chômeur au sens des critères du BIT alors que, de fait, leur situation s'apparentait à celle du chômage (chômeurs découragés, indisponibles ou en sous-emploi). Cela rend flous les frontières entre l'emploi, l'inactivité et le chômage. Quatre types de chômage peuvent être distingués : le chômage frictionnel (lié aux transitions naturelles entre emplois), le chômage structurel (décalage entre compétences et besoins du marché), le chômage conjoncturel (lié aux cycles économiques) et le chômage saisonnier (lié aux variations d'activités sectorielles).

En dehors du chômage frictionnel qui est considéré comme un chômage volontaire, les autres types relèvent principalement du chômage involontaire car ils surviennent malgré la volonté de l'individu de travailler. Les Keynésiens pour qui l'essentiel du chômage est involontaire, recommandent une intervention active pour stimuler la demande et réduire le chômage. Cette approche est aux antipodes de celle proposée par les Classiques qui considèrent que le chômage est essentiellement volontaire. Les théories traditionnelles du chômage qui visent à expliquer les sources des différents types de chômage suscités, ont été ensuite enrichies par celles du marché du travail (théorie de la segmentation, des contrats, de recherche d'emploi, du capital humain et appariement, etc.). Bien que des chevauchements existent (cas du chômage structurel), les théories du chômage examinent le chômage à l'échelle de l'économie tandis que les théories du marché du travail ont une orientation microéconomique, car elles se concentrent sur le comportement des travailleurs et des employeurs à travers l'offre et la demande de travail dont le déséquilibre engendre le chômage.

Pour ce qui est de l'inflation, elle désigne la hausse du niveau général des prix au cours d'une période donnée (l'année généralement). Il est de coutume de distinguer deux types d'inflation : l'inflation par la demande qui se produit lorsque la demande globale de biens et de services dépasse l'offre disponible, et l'inflation par les coûts (offre) qui est liée au fait que les entreprises répercutent dans leurs prix des hausses de coût. Quel que soit le type, l'inflation ne doit pas être confondue avec trois autres notions qui concernent l'évolution des prix : la désinflation (ralentissement de la hausse des prix), la déflation (baisse généralisée et prolongée des prix, les taux deviennent négatifs) et l'hyperinflation où le taux d'inflation mensuel dépasse 50 % pendant au moins un an.

La gestion de l'inflation dépend d'une analyse approfondie de ses origines, qui peuvent varier selon le contexte économique et les structures institutionnelles. Pour les Classiques et les Monétaristes, l'inflation a une origine monétaire, tandis que pour les Keynésiens, elle provient d'un excès de demande globale et des rigidités. Les théories structuralistes considèrent plutôt que l'inflation est provoquée par des déséquilibres économiques structurels comme la faible productivité de certains secteurs, les conflits de répartition ou les indexations salariales. Ce structuralisme complète cette perspective d'inflation par les coûts menée par les théories de l'inflation importée. Par ailleurs, les Nouveaux Economistes Classiques (NEC) et les Nouveaux Economistes Keynésiens (NEK) se rejoignent sur l'importance des anticipations rationnelles dans la formation de l'inflation. Les autorités doivent alors selon le cas, jouer sur la demande globale, réduire les rigidités, contrôler la masse monétaire et la formation des anticipations.

Enfin, pour ce qui est du commerce international, il fait référence selon Paul Krugman, à l'ensemble des échanges de biens, de services et de capitaux entre différents pays, permettant aux nations de tirer profit de leurs avantages comparatifs. Les théories traditionnelles sont davantage fondées sur le commerce des produits homogènes et interbranches (Smith, Ricardo, Heckscher-Ohlin-Samuelson) alors que les théories modernes s'intéressent aux autres types de commerce notamment au commerce intrabranche et intrafirme, des produits différenciés, des chaines de valeurs mondiales et au commerce équitable, etc. (Krugman, Helpman, Grossman, Melitz et Baldwin). La combinaison de ces types de commerce montre comment les échanges mondiaux se structurent autour des dotations naturelles, des économies d'échelle, de l'innovation, des préférences de consommation et de l'intégration des chaînes de valeur mondiales, etc. Cela rend complexes ces échanges internationaux et difficile l'atteinte de l'objectif de l'équilibre extérieur. Les stratégies doivent allier libéralisation, ouverture des marchés et protectionnisme visant à protéger ou stimuler certaines industries locales.

Les théories économiques permettent de s'apercevoir que les quatre thématiques précédemment définies sont interdépendantes et entretiennent entre elles des relations de cause à effet. Par exemple, les pays qui bénéficient d'une croissance économique stable, d'un faible niveau de chômage et d'une inflation maîtrisée sont souvent plus compétitifs sur le plan international. De même, une croissance forte, combinée à un faible niveau de chômage, peut générer une inflation par la demande des biens et services. Il est alors nécessaire de comprendre les dynamiques de la croissance, du chômage, de l'inflation et du commerce international afin de mieux appréhender leurs interrelations. Pour une présentation holistique et pluraliste, il convient de se fonder sur l'histoire de la pensée économique qui rend compte des controverses théoriques enrichissantes depuis les travaux fondateurs. Une telle démarche permet de mesurer le chemin parcouru depuis les pères fondateurs jusqu'aux contemporains, mais aussi les progrès qui restent à accomplir. L'option du pluralisme conduit à privilégier à la fois les approches dites orthodoxes d'analyses des phénomènes, qui dominent la sphère académique et les approches hétérodoxes dites institutionnalistes ou d'économie politique. Contrairement aux orthodoxes, qui se concentrent sur les marchés et l'équilibre, les hétérodoxes privilégient une compréhension plus large des dynamiques économiques, en intégrant des éléments sociaux, culturels et politiques, etc. En suivant cette démarche, ce livre comble un vide dans la sphère académique qui contraint à la pensée unique et à des présupposés idéologiques par la place de choix accordée aux théories du *mainstream.*

Ce livre comporte quatre chapitres dont la lecture peut se faire indépendamment les uns des autres. Successivement sont présentées les théories sur la croissance économique, le chômage, l'inflation et le commerce international. Chaque chapitre met en emphase les controverses traditionnelles et modernes autour du phénomène et débouche sur les politiques ou les perspectives en termes de renouvellement théorique face aux enjeux des économies contemporaines.

Chapitre I.

Les théories de la croissance économique

La croissance économique demeure un sujet pertinent en ce sens qu'elle représente un indicateur clé du bien-être matériel des populations d'un pays. Elle a fait l'objet de plusieurs théories visant à montrer la nature des variables qui déterminent le taux de croissance du niveau général de production d'une économie pour permettre une meilleure compréhension des écarts de développement des sociétés. Les premiers modèles de croissance, élaborés après la seconde guerre mondiale avaient pour objectif d'expliquer les caractéristiques de la croissance (pas ses déterminants) et sa nature équilibrée ou non. Les théories postkeynésiennes de la croissance (déséquilibrée) et la théorie néoclassique de la croissance (équilibrée) s'inscrivent dans ce contexte.

Dans les modèles d'obédience keynésienne de Roy Harrod et de Evsey Domar, la croissance n'est pas stable du fait de l'instabilité de la dynamique capitaliste, elle-même liée aux difficultés de coordination que rencontrent les décisions d'épargne des agents économiques et d'investissement des entrepreneurs. La croissance sera dite équilibrée si l'investissement augmente au même rythme que le rapport taux d'épargne sur coefficient de capital. Or, cette égalité est difficile à atteindre car le taux d'épargne relève du comportement des agents, le taux de croissance de la population dépend de la démographie, tandis que le coefficient du capital est lié aux conditions techniques. Du fait de la difficulté d'atteindre cette égalité avec des paramètres exogènes, Harrod indique que la croissance se trouve sur le fil du rasoir et est très souvent déséquilibrée. De même, la croissance est instable car les plans d'épargne des ménages ne coïncident pas avec les plans d'investissement des entrepreneurs. Ces derniers n'étant pas motivés à investir à long terme du fait des incertitudes, Harrod et Domar préconisent une intervention de l'Etat pour soutenir l'investissement et l'emploi et assurer l'équilibre.

L'optimisme sur la stabilité de la croissance débuta avec les postkeynésiens (néocambridgiens) Nicholas Kaldor et Joan Robinson qui formulent certaines critiques au modèle Harrod-Domar lequel repose sur l'hypothèse d'exogénéité (fixité) de la propension à épargner. Kaldor et Robinson considèrent que la propension à épargner est plutôt une variable d'ajustement car une répartition des revenus en faveur des entrepreneurs permet d'assurer l'équilibre de plein emploi. Cela est d'autant plus vrai que la propension à épargner des capitalistes (profit) est supérieure à celle des salariés (salaire de subsistance). La croissance équilibrée dépend en définitive de la répartition des revenus entre capitalistes et salariés. Cette analyse se prolonge avec Robert Solow qui remet également en cause le caractère instable de la croissance à la Harrod-Domar. Solow développe ce qui deviendra le modèle de croissance néoclassique de référence. Il endogénéise le coefficient de capital, un paramètre fixe dans le modèle de Harrod-Domar. En rendant flexible le coefficient du capital, l'accumulation du capital devient alors possible. Il s'inscrit dans la veine de la théorie classique de la croissance qui considère l'augmentation de la production comme un phénomène résultant de l'accumulation du capital fondée sur l'épargne. Toutefois, cette croissance n'est pas soutenable à long terme (convergence vers un état stationnaire) en raison de la loi des rendements décroissants (Ricardo) et de la loi de la population (Malthus). Néanmoins, le problème du sous-emploi posé par les Keynésiens est résolu grâce à la flexibilité des prix des facteurs travail et capital. La croissance est équilibrée et stable mais ses déterminants sont exogènes car elle dépend du progrès technique considéré comme une « manne tombée du ciel » et qualifié de « résidu » de Solow.

Le débat clivant entre Keynésiens et Classiques à propos de la croissance disparait dans les années 1980 avec un éclatement paradigmatique donnant lieu à une diversité des points de vue sur le phénomène de la croissance. Il s'agit principalement des théories de la croissance cyclique, chaotique, des cycles réels et de la régulation qui, pour l'essentiel se rejoignent sur l'idée d'une impossible conception de la croissance séparée du cycle[2]. Ces théories qualifiées d'hétérodoxes, ne se sont pas vraiment intéressées aux véritables sources de la croissance et vont susciter peu d'intérêt. D'autres théories vont chercher à expliquer les différences de croissance observées entre les pays après la seconde guerre mondiale. Elles vont s'appuyer sur les concepts de concurrence imparfaite, de différenciation de produits, d'économies d'échelle d'anticipations rationnelles et d'institutions, en renouvelant profondément les modèles de croissance économique au point d'être qualifiés de nouvelles théories de la croissance ou théories de la croissance endogène. Dans ces modèles, l'accent est mis sur les sources de la croissance qui demeuraient exogènes jusque-là, en postulant des déterminants endogènes au système économique. D'un

---

[2] La notion de cycle renvoie au fait que les fluctuations économiques (mouvements de la croissance à la hausse et à la baisse autour de la croissance de long terme) sont marquées par une succession régulière de phases d'expansion (croissance) puis de récession (ralentissement). Lorsque les fluctuations économiques sont régulières au cours du temps, on parle de cycles économiques (ou fluctuations cycliques)

point de vue méthodologique, elles s'inscrivent dans la lignée de Solow[3], mais s'en écartent par le relâchement des hypothèses des Classiques et la légitimation de l'intervention de l'Etat.

Les débats sur la croissance se sont enrichis au début des années 2000 avec la théorie de la croissance unifiée et plus tard avec le phénomène de stagnation séculaire. C'est pourquoi, plutôt que de s'enfermer dans une orthodoxie qui écarterait d'emblée les oubliés de la science académique avec leurs modèles qualifiés « d'hétérodoxes », ce chapitre privilégie une démarche d'histoire de pensée sur la croissance pour rendre compte de sa richesse et de sa diversité théorique. La section 1 présente la théorie classique de la croissance. La section 2 concerne la théorie keynésienne. La théorie néoclassique fera l'objet de la section 3. La section 4 évoque la prise en compte des cycles dans l'analyse de la croissance. Les théories de la croissance endogène sont présentées dans la section 5. La section 6 présente la théorie de la croissance unifiée et la dernière conclut le chapitre sur l'intérêt d'une nouvelle théorie de la croissance en s'appuyant sur le phénomène de la stagnation séculaire.

1. La croissance économique est un phénomène qui résulte de l'accumulation du capital

Smith (1776), Malthus (1798) et Ricardo (1817) présentent la croissance de la richesse des nations comme résultant de l'accumulation du capital, c'est-à-dire de la quantité des instruments disponibles (le travail, le capital et

[3] C'est pourquoi ces théories sont également qualifiées de nouvelle théorie néoclassique de la croissance.

la terre). En particulier, Smith considère la division du travail et l'élargissement des marchés comme les facteurs clés de la croissance. Malthus et Ricardo vont davantage mettre en avant les blocages à la croissance économique. Malthus (1798) explique la fin de la croissance par la loi de la population et montre que la croissance n'est pas soutenable à long terme du fait de l'épuisement des ressources productives. Quant à Ricardo, il la justifie par les rendements décroissants de la terre ou la baisse tendancielle du taux de profit.

Globalement, pour les Classiques la croissance n'est pas durable et devrait disparaître progressivement et conduire l'économie dans un « état stationnaire » où l'économie cesse de croître. Cependant, ce point d'équilibre, sans croissance ni déclin, a été critiqué par Schumpeter (1939) qui souligne l'importance de l'innovation pour éviter cette stagnation. L'innovation qu'il définit comme l'exécution d'une nouvelle combinaison productive, a cinq formes : innovation de produits, de procédé, de modes de production (forme d'organisation), de débouchés et de conquête d'une nouvelle source de matières premières. Par ailleurs, deux modèles d'innovation sont généralement cités : Le modèle *top-down* où l'Etat prend l'initiative de l'innovation et le modèle *bottom-up* où l'innovation vient de la base c'est-à-dire dans les garages et les petites entreprises, etc. Schumpeter (1939) s'inscrit dans ce dernier cas où l'entrepreneur est au centre du processus de croissance. L'innovation tout en augmentant la production, bouleverse également les structures et les équilibres existants à travers le processus de destruction créatrice. Une fois que le brevet « tombe », les externalités de connaissances se diffusent à travers l'imitation qui engendre d'autres innovations (vagues ou grappes d'innovations). Ce processus cumulatif d'innovations assure une croissance continue en repoussant les limites de l'état stationnaire.

2. Les théories keynésiennes de la croissance : les déséquilibres et la répartition des revenus en jeu

Les analyses de Keynes (1936) ont montré que le fonctionnement des économies débouche sur le chômage du fait qu'à court terme, il existe des rigidités nominales des prix et des salaires et des défauts de coordination. Cette thèse de Keynes inspire les premières théories postkeynésiennes de la croissance. Keynes ne s'intéressait pas spécifiquement à la croissance qui est un phénomène de long terme et si croissance il y a, celle-ci découlerait selon lui d'un phénomène de court terme.

Harrod (1939) et Domar (1946) prolongeant les analyses de Keynes sur le long terme ont cherché des réponses à la question suivante : Dans quelles circonstances une économie peut-elle connaître une croissance équilibrée à taux constant ? Par des voies détournées, ils sont parvenus à la conclusion suivante : à condition que le taux d'épargne national soit égal au produit du coefficient de capital et du taux de croissance de la force de travail. C'est seulement sous cette condition qu'une économie pourrait équilibrer son stock de capital et son offre de travail, de telle sorte que la croissance soit équilibrée. Toutefois, cette croissance équilibrée n'est pas durable à long terme.

À travers son modèle, Harrod dégage trois taux de croissance différents : (i) le taux de croissance garanti ou taux de croissance de sous-emploi qui est celui garantissant l'équilibre entre l'épargne et l'investissement ; (ii) le taux effectif, déterminé par la demande effective, correspond à la croissance observée et (iii) le taux naturel qui est le taux de croissance assurant le plein-emploi des facteurs. L'égalité des trois taux de croissance assure une croissance maximale et équilibrée mais cela résulterait du hasard dans la mesure où les déterminants des trois taux sont indépendants et exogènes. Domar utilise le taux de croissance d'équilibre en lieu et place du taux de croissance garanti. La croissance est équilibrée lorsque la demande évolue en phase avec les capacités productives. Il résulte des analyses des deux auteurs qu'un seul cas de croissance équilibrée est possible (fil du rasoir) et qu'il n'existe aucune possibilité de retour à l'équilibre en cas de choc (instabilité)[4]. Dans les analyses de Harrod et Domar, les déséquilibres constituent la règle, ce qui justifie la nécessité d'une intervention de l'Etat (cf encadré 1.1).

Encadré 1.1. Les caractéristiques du modèle d'Harrod-Domar

Principes : Le modèle s'appuie sur les principes de l'accélérateur et du multiplicateur d'investissement.

Hypothèses : Facteurs de production complémentaires et rigidité des prix et des salaires

Résultats : la croissance économique est instable et se trouve sur le fil du rasoir « l'égalité entre la croissance effective et la croissance garantie ». Les incertitudes et les esprits animaux des capitalistes en sont la cause et le plein emploi n'est atteint que par pur hasard.

Implication : Les déséquilibres étant la règle, l'intervention de l'Etat s'avère nécessaire

L'impossibilité d'une croissance équilibrée dans les analyses de Harrod-Domar tient à l'exogénéité des paramètres comme le taux naturel, la propension à épargner et le coefficient de capital. Dans les années 1950 et 1960, d'autres

---

[4] Cette instabilité est liée aux fluctuations de l'investissement et au rôle des anticipations.

postkeynésiens (Kaldor, Robinson et Pasinetti) rendent endogène la propension à épargner qui devient une variable d'ajustement. De ce fait, la croissance devient stable puisque le taux de profit qui dépend seulement du comportement d'épargne des capitalistes (et non des salariés) est automatiquement rétabli après une déviation du sentier de croissance équilibré. En s'inspirant de Keynes (1930)[5] et de Kalecki (1942)[6], les développements de Kaldor (1957) reposent sur l'idée que la propension à épargner des salariés est inférieure à celle des capitalistes. Avec la flexibilité de la marge de profit, elle peut s'ajuster de façon à ce que le taux de croissance assure le plein emploi du travail. Le problème du fil de rasoir est résolu puisque si le niveau de l'épargne est inférieur au besoin d'investissement des entrepreneurs ($S < I$), une modification de la répartition des revenus en faveur des entrepreneurs permet de rétablir l'équilibre. Dès lors, la répartition du revenu s'ajuste pour que l'épargne soit égale à l'investissement, ce qui exclut le principe de la demande effective. Robinson (1962) indique que la croissance est équilibrée si les entreprises parviennent à imposer la répartition des revenus qui rend compatible la relation de causalité entre investissement et profit. Pasinetti (1962) critique l'analyse de Kaldor et examine plutôt la répartition du revenu entre deux classes sociales : salariés et capitalistes. Il montre que le taux de profit, sur un sentier de croissance équilibrée, est entièrement déterminé par le taux de croissance de la quantité de travail. Chez Kaldor, la propension à

---

[5] Son article porte sur « Traité de la monnaie » dans lequel il montre que les profits dépensés sont une source d'accroissement du capital des entrepreneurs et sont une jarre de la veuve qui ne désemplit pas (une hausse de la consommation des entrepreneurs augmente leur profit d'un montant identique). A l'inverse, si les entrepreneurs essaient d'épargner plus, la jarre devient un tonneau de danaïdes qui ne s'emplit jamais.
[6] Son analyse porte sur la « théorie des profits » dans laquelle il montre que "les capitalistes gagnent ce qu'ils dépensent, tandis que les salariés dépensent ce qu'ils gagnent".

épargner dépend de la source de revenu (salaire versus profit), contrairement à Pasinetti qui considère qu'elle dépend de la classe de revenu (travailleurs versus capitalistes). Toutefois, cette hypothèse de Pasinetti a manqué de fondement dans la mesure où les individus d'une classe n'ont pas toujours pour seule ressource le revenu de leur capital et les individus peuvent changer de classe dans le temps.

Ce débat sur la répartition des revenus nous introduit dans la relation entre répartition et croissance (cf figure 1). Les postkeynésiens se rejoignent sur deux aspects. D'une part, ils étendent en longue période l'analyse sur le paradoxe de l'épargne établi par Keynes qui stipule que l'épargne n'est pas nécessaire à l'investissement et que son accroissement nuit à l'activité économique. D'autre part, ils se rejoignent sur l'idée que l'investissement détermine la production mais aussi la répartition des revenus et la croissance. Par exemple, l'augmentation de la part de revenu allant aux capitalistes, provoque, à travers ses effets sur la demande de biens d'investissement ou sur l'épargne, un accroissement d'inputs de capital par tête.

Figure 1. Relation entre la théorie générale et postkeynésienne

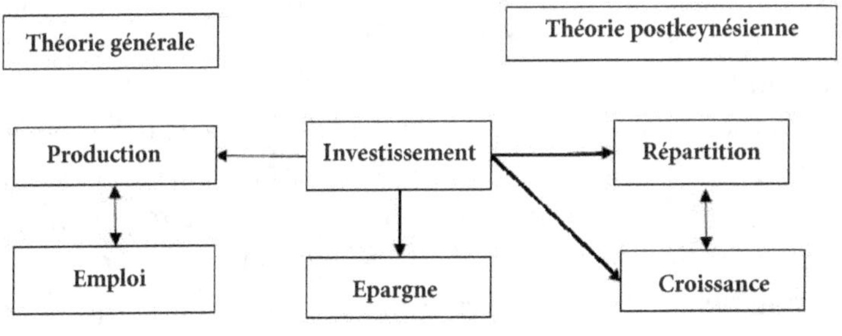

Source: Dostaler, 1988

Les modèles de croissance d'inspiration keynésienne sont critiqués sur le fait qu'ils appliquent les hypothèses de court terme à l'analyse de la croissance qui est pourtant un phénomène de long terme. A la suite des Néocambridgiens qui ont endogenéisé la propension à épargner, les néoclassiques quant à eux vont endogenéiser le coefficient du capital. Ils vont alors admettre qu'à long terme tous les facteurs sont variables, que les prix et salaires sont flexibles et que les facteurs de production sont substituables.

3. La théorie néoclassique de la croissance ou croissance exogène

Solow (1956) et Swan (1956) reprochent aux modèles de croissance de Harrod et Domar d'une part, de s'appuyer sur l'hypothèse des coefficients fixes, d'autre part, de supposer l'existence d'une condition qui permet d'engendrer une croissance régulière. Solow apporta une réponse au pessimisme de Harrod (1947) sur la non-durabilité de la croissance[7]. Il postule que la décroissance du rendement marginal du capital (RmK) entraine la stagnation de la croissance et que le progrès technique permet au taux de rendement du capital de se maintenir pour contrecarrer cette stagnation (cf encadré 1.2). Toutefois, ce progrès technique est exogène car il n'est pas seulement expliqué par l'accumulation des facteurs (travail et capital). Trois variantes du modèle de Solow peuvent être distinguées: (1) Solow Simplifié où le RmK est égal au taux de dépréciation du capital, à l'état stationnaire ; (2) Solow et croissance démographique où au niveau de la règle d'or, le revenu net de la dépréciation du capital par tête est égal au taux de croissance démographique et (3) Solow et le progrès technique dans

[7]Pour Solow, les analyses des postkeynésiens sont limitées dans la mesure où ils appliquent les hypothèses de court terme (hypothèse de Keynes) à un phénomène de long terme. Or, le long terme est caractérisé par la flexibilité, ce qui résout le problème du fil du rasoir.

lequel au niveau de la règle d'or, le revenu net de dépréciation du capital est égal au taux de croissance démographique plus le taux de progrès technique. Cette dernière relation signifie que pour une croissance économique durable, il est important d'accumuler du capital pour répondre aux besoins d'une population croissante et financer le progrès technique.

Le modèle de Solow s'inscrit dans le cadre de l'équilibre général walrassien en économie fermée où s'échange un unique bien composite qui sert à la fois à la consommation et à la production. Il postule une concurrence parfaite, l'existence de marchés financiers parfaits et le plein emploi sur le marché du travail.

De l'état stationnaire

L'état stationnaire est une situation où le stock de capital cesse d'évoluer, impliquant un taux de croissance du stock de capital nul. En conséquence, l'investissement et la dépréciation du capital sont égaux. C'est l'équilibre de long terme de l'économie où la production croît au même rythme que la population et le revenu par travailleur reste constant. Selon Solow, cette situation est inévitable pour toute économie en raison de la décroissance du RmK.

La question de la convergence

Du modèle de Solow, il en découle que si deux économies ont le même taux d'épargne mais diffèrent par la dotation initiale en capital, l'économie faiblement doté en capital va croître plus rapidement que la riche et elles vont tendre toutes deux vers le même niveau de capital par tête et de produit par tête.

La convergence vient de l'idée que les pays pauvres et en retard pourraient bénéficier du transfert de technologie en provenance des pays développés. Elle repose aussi sur l'hypothèse de rendements décroissants du capital. Deux types de convergence peuvent être mentionnés:

- **convergence non conditionnelle de type beta**. En vertu des rendements décroissants du stock de capital, les pays pauvres devraient avoir un taux de croissance plus élevé que les pays riches ;
- **convergence conditionnelle de type sigma**. Conditionnellement à des valeurs identiques pour certains paramètres (taux d'épargne, taux de croissance de la population, etc.), tous les pays vont converger vers le même état stationnaire. Les pays en développement peuvent rattraper les pays les plus avancés à condition qu'ils aient accès à la même technologie et qu'ils adoptent les mêmes règles de concurrence. Le rattrapage est d'autant plus vraisemblable que les capitaux se déplacent vers les pays en développement où les rendements sont les plus élevés.

Une évidence empirique de l'après Deuxième Guerre mondiale est qu'il y a convergence entre les pays riches, mais pas entre les pays riches et les pays pauvres. D'où l'idée de clubs de convergence.

Convergence de clubs ou convergence sélective

La convergence prédite par Solow n'a pas eu lieu du fait que les flux de capitaux ne sont pas allés des pays riches vers les pays pauvres, mais plus vraisemblablement des pays riches vers les pays riches. Une explication serait que le risque d'investir est beaucoup plus grand dans un pays pauvre que dans un pays riche.

Avec Solow, chaque économie converge vers son propre régime régulier à un rythme qui dépend de son taux d'épargne et de sa facilité d'accès aux technologies. S'il existe une convergence, cela ne peut concerner que des groupes de pays : c'est l'idée de la convergence de club ou sélective mise en évidence dans le modèle de Schumpeter et qui sera prolongée par les nouvelles théories de la croissance. Cette convergence prend en compte l'hypothèse de diffusion des connaissances selon laquelle n'importe quel secteur dans les pays les moins développés peut parfaitement se mettre à l'heure des technologies de pointe à chaque fois qu'il innove.

Encadré 1.2. Modèle de Solow (1956)

Modèle de base:

$\Delta k_{t+1} = sy_t - \delta k_t$ (1) avec $y_t = \frac{Y}{L}$ et $k_t = \frac{K}{L}$. En absence de croissance démographique ($\dot{L}/_L = 0$), l'équation indique que l'accumulation du capital est fonction du niveau d'investissement (sy_t) et de la dépréciation du capital (δk_t).

Modèle avec croissance démographique :

$\Delta k_{t+1} = sy_t - (n + \delta)k_t$ (2)

Modèle avec progrès technique

En introduisant un progrès technique neutre au sens de Harrod (un progrès technique qui affecte le facteur travail), $Y = F(K, AL)$, on raisonne en termes de production par unité de travail efficace $\left(Y/_{AL}\right)$ et non $\left(Y/_L\right)$.

$\Delta k_{t+1} = sy_t - (g + n + \delta)k_t$ (3) avec $g = \frac{\Delta A_{t+1}}{A}$. Ici, l'effort d'investissement nécessaire pour maintenir constant le stock de capital doit tenir compte de $g, n\ et\ \delta$

Dans l'équation (2), la production et le capital croissent à un taux constant égal à la croissance démographique (n) à long terme tandis que dans (3), ils croissent au taux $(g + n)$. La production et le capital par tête croissent désormais à un taux g, d'où l'idée que le progrès technique rend durable la croissance et évite l'état stationnaire (taux de croissance nul de la production et du capital par tête) observé en absence de ce progrès technique.

Au-delà des débats théoriques autour des modèles de croissance classiques et keynésiens ou postkeynésiens et néoclassiques, les analyses ont été enrichies par la contribution de courants qualifiés d'hétérodoxes.

4. La prise en compte des cycles dans l'analyse hétérodoxe de la croissance

Si les premiers modèles de croissance qui se sont développés durant les 30 glorieuses se structurent autour du clivage Keynésiens versus Classiques, les années 1980 vont connaitre un éclatement paradigmatique donnant lieu à une diversité des points de vue sur le phénomène de la croissance. La présentation concerne principalement les théories de la croissance cyclique, chaotique, des cycles réels et de la régulation qui pour l'essentiel expriment l'impossibilité de concevoir de manière séparée la croissance et le cycle[8].

Le modèle fondateur de croissance cyclique remonte à Goodwin (1967). En partant des intuitions de Schumpeter et de Marx sur le caractère instable des économies capitalistes, Goodwin à travers sa théorie des fluctuations, tentera la fusion de la croissance et du cycle en indiquant que le cycle lui-même n'était qu'un sous-produit de la croissance. A travers cette théorie, il analyse la relation entre fluctuations et croissance en se servant du multiplicateur dynamique (propagateur de revenu) et de

---

[8] Les cycles endogènes comme le cycle de Kitchin (3-4 ans) de Juglar ou cycle d'affaires (environ 9 ans) et de Kondratief (40-50 ans) s'opposent aux cycles exogènes d'inspiration classique qui ont une origine réelle (cycles réels liés aux variations du résidu de Solow) ou monétaire (*cycle* lié à l'offre de monnaie et aux crises financières, etc.)

l'accélérateur non linéaire (flexible). Il montre à travers un modèle (non linéaire et à un secteur réel) de croissance donnant naissance à des fluctuations endogènes, que la croissance est cyclique du fait d'une part de la présence de conflit de partage de la valeur ajoutée entre capitalistes et salariés et d'autre part des contradictions du système capitaliste. Cette théorie est également appelée théorie des cycles d'affaires endogènes. La dynamique chaotique de la croissance prend sa source dans cette contribution théorique de Goodwin.

La théorie de la croissance chaotique est une théorie mathématique (Lorenz, 1972) qui a été appliquée en économie aux modèles de croissance par Stutzer (1980) puis Benhabib et Day (1982). Stutzer (1980) est le premier à montrer le caractère chaotique de la croissance en s'appuyant sur le modèle de croissance d'Haavelmo (1956) ; tandis que Day (1982) s'appuie sur le modèle de Solow (1956). Cependant, Day se distingue de Solow par la forme de la fonction de production dans laquelle il considère que le capital par tête a une valeur seuil au-dessus de laquelle la production « tombe » à zéro. En effet, sur la base de la sensibilité aux conditions initiales, propriété fondamentale du système chaotique (effet papillon), cette théorie montre que les modèles de croissance conduisant traditionnellement à des équilibres stationnaires peuvent, après introduction de non-linéarité et modification de certaines hypothèses, conduire à des dynamiques chaotiques. Il en résulte une imprévisibilité de la croissance à long terme. Bien que les systèmes soient parfaitement déterministes, leur comportement est totalement imprévisible, sauf à court terme. Cette théorie trouve ses applications dans le domaine des finances pour expliquer les crises financières.

A la suite de ces analyses d'inspiration hétérodoxe, la théorie de cycles réels de la nouvelle macroéconomie, apparait plus tard (Kydland et Prescott, 1982 ; Long et Plosser, 1983) et reprend le modèle de croissance optimale (Ramey, 1928 ; Cass, 1965 ; Koopmans, 1967), en le soumettant à des chocs stochastiques exogènes. Le modèle de croissance Ramsey-Cass-Koopmans (RCK) est un modèle néoclassique mais diffère de celui de Solow par l'endogénéisation de l'épargne (les ménages choisissent leur épargne) et la prise en compte de la maximisation intertemporelle de l'utilité. Comme chez Solow, le modèle considère que la croissance ne peut être soutenue sans progrès technique. Pour expliquer les fluctuations du cycle économique, la théorie des cycles réels introduit les chocs exogènes dans le modèle RCK. De ce fait, le taux de progrès technique connait d'importantes fluctuations aléatoires (résidu de Solow aléatoire) de sorte que la croissance elle-même suit une marche aléatoire et caractérisée par des cycles. Toutefois, ces théoriciens considèrent que les cycles sont une réponse optimale de l'économie aux chocs réels (technologiques), s'opposant ainsi aux hétérodoxes qui considèrent le cycle comme un phénomène endogène à la croissance. Le Modèle d'Équilibre Général Dynamique et Stochastique (DSGE) tire son fondement de cette théorie.[9]

Enfin, la théorie de la régulation est celle qui prolonge les analyses du Capital de Max et étudie les conditions de stabilité du processus de croissance et d'accumulation du capital. Pour les régulationnistes (en l'occurrence Aglietta et Boyer, Orléan, etc.), la compréhension de la crise passe par celle de la croissance qui la précède. Ils considèrent que la croissance est le résultat de la viabilité d'un régime d'accumulation marqué

---

[9] Les régulationnistes considèrent cinq formes institutionnelles : La forme de la concurrence (règles du marché), le rapport salarial (types de contrats), le régime monétaire, le mode de financement de l'économie et l'insertion dans le régime international (commerce et finance mondiale).

par la succession de phases d'emballement puis de retournement (crises) et dont les ajustements sont opérés grâce aux formes institutionnelles. Pour ces théoriciens, les économies dynamiques d'échelle constituent un facteur important de croissance cumulative.

Boyer (1988) propose un modèle de régimes de croissance qui comporte deux équations, l'une décrivant un « régime de productivité » et l'autre un « régime de demande ». Le « régime de productivité » décrit les effets induits de répartition et de demande qui contribuent à l'influence de la croissance de la production sur celle de la productivité. Ainsi, ce régime admet que la croissance influence (positivement) la productivité du travail à la manière de la loi de Kaldor-Verdoorn qui stipule que plus une économie produit, plus elle devient efficace. La productivité n'est pas donc liée seulement au progrès technique mais à la dynamique de la production (industrielle) elle-même. Quant au « régime de demande », il traduit l'influence des gains de productivité sur la croissance. En effet, les gains de productivité sont redistribués sous forme de salaires plus élevés, ce qui stimule la consommation de masse (fordisme). C'est donc deux régimes de croissance dont un régime de croissance classique (absence de rendement croissants) et un régime de croissance fordiste (rendements croissants) qui sont mis en exergue.

5. Les théories de la croissance endogène

La croissance endogène est une croissance économique à long terme dont le taux est déterminé par des forces internes au système économique, en particulier les forces qui régissent les possibilités et les incitations à créer des connaissances technologiques (Howitt, 2010). La croissance est endogène dans la mesure où elle est déterminée par les préférences des agents économiques, en l'occurrence par leur arbitrage entre consommation et épargne. Après la présentation du modèle fondateur, les principales sources de croissance feront l'objet d'analyse.

5.1. Le modèle fondateur : Modèle AK

Le modèle précurseur du modèle de croissance endogène appelé modèle AK est présenté par Frankel (1962) et Uzawa (1965). Dans ce modèle, la production est proportionnelle au stock de capital et se présente comme suit : $Y = AK$

Où le capital composite (K) ne comprend pas seulement le capital physique mais également le stock de connaissances et A la production par unité de capital (cf encadré 1.3). De ce modèle, le RmK ou $PmK = \frac{\partial Y}{\partial K} = A$, une constante, non décroissante comme chez Solow. Lorsque le capital augmente d'une unité, la production augmente de A unités. Ainsi, le processus d'accumulation du capital n'entraine pas à terme un étouffement de la croissance mais génère une croissance continue même en l'absence de progrès technique et de croissance de la population active : c'est la croissance auto-entretenue. Ainsi, le modèle AK est similaire à celui de Harrod-Domar [10], mais ce dernier ne considère pas que les mécanismes de marché permettent d'assurer le plein emploi.

---

[10] En rappel chez Harrod-Domar : $F = Kv$ et le taux de croissance $g = \frac{s}{v}$ où v est le coefficient du capital et s l'épargne. L'accumulation du capital est le moteur de la croissance et la productivité marginale est constante.

Encadré 1.3. Le modèle « AK »

En considérant le modèle : $Y = AK$ et l'accumulation du capital $\Delta K = sY - \delta K$, le taux de croissance se détermine comme suit : $\frac{\Delta Y}{Y} = \frac{\Delta K}{K} = sA - \delta$.

La croissance auto-entretenue dépend directement du comportement des agents (i.e. de l'épargne s), de la PmK (A) et du taux de dépréciation du capital (δ). Toute augmentation du taux d'épargne s permet d'accroître le taux de croissance comme chez Harrod-Domar. Contrairement à Solow, la croissance dans le modèle AK est déterminée de façon endogène par l'épargne des agents car une hausse du taux d'épargne entraîne une hausse de la croissance à long terme. Dans le modèle de Solow, une hausse du taux d'épargne entraîne une croissance temporaire ; c'est le progrès technologique qui assure la croissance à long terme.

La principale limite de ce modèle est d'admettre la constance du RmK[11]. Toutefois, en élargissant le capital K pour prendre en compte le capital humain, cette hypothèse devient plausible dans la mesure où l'accumulation de connaissances et de savoirs favorise l'innovation et le développement de nouvelles technologies, de savoir-faire, etc., permettant d'accroître la productivité marginale du capital. Ainsi, les facteurs accumulables ne se limitent pas au capital privé mais ils incluent également le capital humain et le capital public. C'est ce champ d'analyse qui a été prolongé par les théories de croissance endogène.

[11] Selon Mankiw (2010):« Mettre dix ordinateurs au lieu d'un à la disposition d'une seule personne ne la rend pas dix fois plus productive ». La constance du RmK est donc irréaliste si le stock de capital est constitué uniquement par le capital physique.

5.2. Les sources de la croissance endogène

Contrairement à Solow qui considère la croissance comme résultant en partie de l'accumulation du capital physique[12], dans les théories de la croissance endogène, cinq sources principales de croissance sont identifiées : l'accumulation des connaissances (Romer, 1986), le capital humain (Lucas, 1988), le capital public (Barro, 1990), le changement technologique (Romer 1990) et l'innovation (Helpman et Grossman, 1990, 1991 ; Aghion et Howitt, 1992).

5.2.1. L'accumulation des connaissances au cœur de la croissance auto-entretenue

Romer (1986) a spécifié un modèle de croissance à long terme avec changement technologique et dans lequel la connaissance est supposée être un input qui a une productivité marginale croissante (cf encadré 1.4). En effet, l'investissement augmente le stock du capital disponible pour l'entreprise et génère des externalités positives de connaissances technologiques disponibles pour les autres entreprises car les connaissances ne peuvent pas être parfaitement brevetées ou gardées secrètes. En effet, le capital physique privé, selon un processus de learning by doing à la Arrow (1962), est source d'externalité aux rendements d'échelle croissants. Cela s'explique par le fait que la croissance de la productivité marginale de la connaissance compense la décroissance du rendement marginal du capital physique dans le modèle de Solow. Romer (1986) soutient l'hypothèse que même avec une population et un capital physique fixes, la connaissance

[12] Solow (1956) considère que toutes les autres sources sont captées par le progrès technique.

n'atteindra jamais un niveau où son produit marginal est si faible qu'il ne vaut plus la peine de faire de la recherche. L'objectif de Romer est de donner des fondements microéconomiques de la croissance qui découle des comportements d'investissement des entrepreneurs et de montrer que l'apprentissage par la pratique et la diffusion des connaissances sont les forces motrices d'une croissance auto-entretenue.

Encadré 1.4. Modèle simplifié de Romer (1986)

Romer considère une économie composée de N entreprises identiques, qui opèrent en concurrence pure et parfaite. Elles produisent avec un capital k, et de travail l. Chaque entreprise bénéficie d'externalités technologiques A. La fonction de production d'une entreprise i est donnée par : $Y_i = AK_i^{\alpha} L_i^{1} - \beta_i$. Avec A le progrès technique endogène qui est fonction de l'accumulation du capital de toutes les firmes, c'est-à-dire : $A = N.k$

5.2.2. La croissance endogène fondée sur le capital humain

Le capital humain est défini comme le stock de connaissance économiquement productive (Schultz, 1961) et plus largement, comme l'ensemble des connaissances, compétences, capacités et autres attributs acquis par un individu grâce à l'éducation, la formation et l'expérience, qui augmentent leur productivité économique (Becker, 1964). Son accumulation peut être vu de deux manières : (i) volontairement, c'est-à-dire elle nécessite la mise en œuvre volontaire de facteurs de production de biens de consommation (Lucas, 1988 ; Rebelo, 1991) ou (ii) accidentellement. Dans ce dernier cas, l'accumulation résulte d'un processus de *learning by doing*. Il faut rappeler que l'article fondateur de la théorie de croissance de Lucas (1988) a développé trois variantes de modèles. Le premier met l'accent sur l'accumulation du capital physique et le changement technologique. Le second concerne l'accumulation du capital humain par la scolarisation. Le troisième porte sur l'accumulation de capital humain par le *learning by doing*. Cependant, Lucas considère le second modèle comme central dans sa théorie de la croissance endogène (cf encadré 1.5). Ainsi, cette théorie se concentre sur le fait que la façon dont un individu répartit son temps entre diverses activités au cours de la période actuelle affecte sa productivité, ou son niveau de capital humain, dans les périodes futures. L'introduction du capital humain dans le modèle revient donc à préciser à la fois la façon dont les niveaux de capital humain affectent la productivité actuelle et la façon dont l'allocation actuelle du temps de travail affecte l'accumulation du capital humain. Son analyse se fonde sur une fonction de production à rendements constants en capital physique, en capital humain privé et une externalité portée par le capital humain social. Le capital humain accroît la productivité du travail et du capital physique et est considéré comme la principale source de croissance autoentretenue (Lucas, 1988)[13].

[13] Becker (1964) montre l'intérêt du capital humain mais dans une approche microéconomique qui n'est pas l'objet de présentation dans ce livre.

Encadré 1.5. Modèle de Lucas (1988)

Les individus doivent arbitrer entre travailler pour produire ou consacrer leur temps à accumuler du capital humain afin d'être plus productif. La fonction de production est la suivante : $Y_t = (K_t)^\alpha (H_t)^\gamma (L_t)^\beta$. Avec K_t le capital reproductible, H_t le capital humain et L_t la fraction du travail utilisée pour produire le bien final et l'autre fraction $(L - L_t)$ pour produire le capital humain. Quant à l'accumulation du capital humain, elle s'exprime comme suit : $\Delta H_t = (H_t)^\theta (L - L_t)^\beta$ et celle du capital physique est : $\Delta K_t = -\delta K_t + Y_t - C_t$. Le taux de croissance est donné par : $g = \frac{\gamma(L-L_t)^\beta}{1-\alpha}$

Dans le cas où l'accumulation du capital humain découle d'un processus de *learning by doing*, H_t est considéré comme l'efficacité du travail qui croit avec le travail par apprentissage : $H_t = H_0 e^{\emptyset t}$

A la suite de Lucas (1988) et en partant de l'hypothèse d'une fécondité endogène et d'un taux de rendement du capital humain croissant à mesure que le stock de capital humain augmente, Becker, Murphy et Tamura (1990) endogénéisent la croissance de la population qui est considérée exogène dans le modèle de Solow. L'objectif est d'étudier les causes des écarts de croissance sur la base des différences de fertilité. Dans ce modèle, les parents devraient faire un arbitrage entre le nombre d'enfants et leur niveau de capital humain[14] : opter pour un grand nombre d'enfants au capital humain faible ou un petit nombre d'enfant au capital humain élevé. Le modèle admet donc deux équilibres stables selon l'option

[14] Dans ce modèle, le capital humain est accumulé grâce à l'enseignement à domicile des parents.

en présence. Un pays peut alors passer du premier équilibre "malthusien" au second équilibre "de développement" s'il adopte des politiques qui favorisent l'investissement.

5.2.3. La prise en compte du capital public dans l'analyse de la croissance

Barro (1990) modifie le modèle AK de Rebelo pour introduire le secteur public à travers les dépenses publiques ou capital public (ou infrastructures publiques) qu'il considère comme input nécessaire au secteur privé. Il explique que le capital public favorise l'investissement privé par l'amélioration de l'information et la circulation des biens et services (routes, réseaux électriques, etc.). Cependant, ces biens publics étant purs (non rivaux et non excluables), il se pose le problème de leur financement. L'Etat est amené à prélever des impôts pour financer leur production, créant ainsi des distorsions. La distorsion due à l'impôt sur le revenu implique que l'équilibre décentralisé n'est pas optimal du point de vue de Pareto. En particulier, les taux de croissance et d'épargne sont trop faibles d'un point de vue social. C'est tout le sens des externalités associées aux dépenses publiques et à l'impôt. Les externalités de l'impôt sur le revenu tiennent également au fait que celui-ci peut entrainer les riches dans une trappe à inactivité selon Mirrlees. Dans cette trappe, il devient peu rentable de travailler en raison de l'impôt progressif sur le revenu. Barro indique que lorsqu'il s'agit de financer des infrastructures soumises à congestion, un impôt proportionnel serait optimal car il repartit le coût de l'infrastructure au prorata de la congestion créée.

En définitive, les dépenses publiques[15] assurent une croissance autoentretenue car elles permettent la croissance du revenu (cf encadré 1.6). La croissance du revenu permet l'accroissement de la base fiscale qui induit une croissance des dépenses publiques qui *in fine* rendent possible l'accumulation du capital nécessaire à la croissance.

Encadré 1.6. Modèle de croissance de Barro (1990)

La fonction de production qui intègre des capitaux privés et à des services publics est la suivante : $Y = f(k, g) = Ak^{1-\alpha}g^{\alpha}$ où k est la quantité de capital du producteur représentatif, qui correspondrait à la quantité de capital agrégé par tête, g est mesurée par la quantité de biens et de services par tête achetés par l'État et α, l'élasticité de la production du capital public. Ces dépenses publiques sont financées par un impôt sur le revenu dont $g = T = \tau Y = \tau Ak^{1-\alpha}g^{\alpha}$ où τ est le taux de la taxe. Eu égard aux effets négatifs d'un impôt excessif[16] sur l'incitation à investir, le taux optimal doit être égal à $\tau^* = \alpha$. La productivité marginale du capital n'est plus décroissante comme dans le modèle de Solow, parce que l'Etat fait des dépenses d'infrastructures qui augmentent la rentabilité de ce capital. La croissance auto-entretenue apparait : les dépenses de l'Etat permettent la croissance du revenu qui est la base fiscale qui induit une croissance nécessaire à l'accumulation du capital privé.

---

[15] Il existe un effet non linéaire des dépenses publiques sur la croissance car si les dépenses sont trop faibles, les infrastructures seront insuffisantes et si elles sont trop élevées, elles créent un effet d'éviction sur l'investissement privé.

[16] La réduction de l'accumulation du capital l'emporte sur l'augmentation des dépenses publiques. La taille de l'Etat ($= g/Y$) dans l'économie influence donc la croissance économique à long terme.

5.2.4. La croissance endogène par le changement technologique

Une source importante de croissance autoentretenue est le changement technologique. Romer (1990) présente un modèle similaire au modèle de Solow (1956) avec changement technologique et part de trois postulats:

- le changement technologique incite à poursuivre l'accumulation de capital et, ensemble, l'accumulation de capital et le changement technologique expliquent une grande partie de l'augmentation de la production par heure travaillée. Ce postulat rejoint Solow (1956) où la combinaison de l'accumulation du capital et le progrès technique explique une part importante de l'amélioration de la productivité. Toutefois, ici le progrès technique s'incorpore principalement dans le capital physique et ne résulte pas de l'investissement dans ce type de capital mais dans la R&D. Ces investissements en R&D permettent la mise au point de biens d'équipement nouveaux, plus productifs que les anciens ;
- le changement technologique est dû en grande partie aux actions intentionnelles des agents économiques qui répondent aux incitations du marché (maximiser l'utilité/profit). Dès lors, la croissance n'est plus un phénomène aléatoire ou exogène, mais le fruit de décisions stratégiques des agents privés (ménages et entreprises), ce qui rend endogène le modèle de croissance ;
- le troisième postulat, le plus fondamental, est que les instructions[17] pour travailler avec des matières

---

[17]Les instructions dans le modèle de Romer (1990) désignent les idées, les connaissances et les méthodes qui permettent d'améliorer la

premières sont intrinsèquement différentes des autres biens économiques. La technologie est donc vue comme un ensemble d'instructions de plan de fabrication assurant la production de biens intermédiaires. Elle est non rivale et partiellement exclusive, contrairement au capital humain. Le capital physique ou progrès technique (n'est plus un résidu) diffuse l'innovation dans la société qui est profitable à tous.

Le modèle de Romer considère une économie à trois secteurs : la recherche, les biens intermédiaires et le bien final (les firmes qui s'occupent de la recherche trouvent de nouvelles idées de biens intermédiaires et augmentent le nombre de ces biens disponibles pour la production du bien final) et quatre inputs de production à savoir le capital physique, le travail non qualifié, le capital humain et la technologie[18]. La particularité du modèle est que le capital n'est pas considéré comme un bien homogène, mais comme un ensemble d'inputs de production différents, chacun étant produit par un monopole. Dans ce modèle de Romer (1990), les connaissances ont en partie le caractère d'un bien public, mais les firmes doivent payer pour acquérir le droit de produire les biens nouvellement découverts (brevets). De même, la production de connaissances a un rendement social qui est supérieur à son rendement privé (brevet), car la production de connaissances nouvelles améliore l'efficacité de la recherche. En définitive, le taux de

production. Elles ne sont pas à rendements décroissants car une fois découvertes, elles peuvent être utilisées indéfiniment.

[18] La technologie peut croître sans limite, mais le capital humain de toute l'économie est fixe (population fixe). Contrairement à Lucas (1988), ici, c'est la technologie (endogène) qui fait croitre le niveau de revenu par tête et non le capital humain qui est plutôt utilisé dans la production des connaissances et du bien final.

croissance est d'autant plus élevé que le capital humain consacré à la recherche est important (cf encadré 1.7). Ainsi, c'est l'allocation du capital humain entre les secteurs de production du bien final et la R&D qui détermine la valeur du taux de croissance d'équilibre. Une implication importante de ce modèle est qu'une économie fortement dotée en capital humain va croitre plus vite car une part importante de ce capital sera allouée à l'accumulation du capital ; ce qui remet en cause l'hypothèse de la convergence des taux de croissance des économies.

Le modèle de Romer (1990) se rapproche d'une problématique smithienne selon laquelle la division sociale du travail, qui est représentée dans le modèle par le nombre d'inputs de production différents, accroît l'efficacité productive à l'origine des rendements croissants. Ce modèle repose sur la différentiation horizontale à la Dixit et Stiglitz (1977) qui considère que tout nouvel input de production vient s'ajouter aux précédents (augmentation de la variété des biens). Il n'admet que des externalités positives[19] de l'innovation, ce qui justifie que l'équilibre décentralisé soit toujours sous-optimal. Le modèle s'inscrit également dans la perspective des modèles d'innovation mais diffère de ceux-ci qui sont fondés sur l'approche schumpétérienne où une innovation vient remplacer la précédente tout en admettant la possibilité d'externalités négatives de l'innovation.

---

[19]Ces externalités justifient que le taux de croissance optimal (qui maximise l'utilité intertemporelle) est supérieur au taux de croissance d'équilibre car les agents ne prennent pas en compte l'externalité engendrée par les produits de leur recherche.

Encadré 1.7. Modèle de Romer (1990)

Dans le modèle, le stock de connaissance A, s'accumule comme suit :

$\dot{A} = \delta HA$ où H est la quantité de capital humain employée dans le secteur de R&D et δ une constante liée à la productivité de l'activité de recherche. En s'appuyant sur la règle de Ramsey (1928), il montre que le taux de croissance de la consommation C est égal à : $\frac{\dot{C}}{C} = \frac{r-\rho}{\sigma}$, avec r le rendement marginal du capital, ρ le taux de préférence pour le présent et σ l'élasticité de substitution de la fonction de consommation

Il déduit le taux de croissance de l'économie comme suit : $g = \frac{\dot{C}}{C} = \frac{\dot{Y}}{Y} = \frac{\dot{A}}{A} = \delta H.$

Le taux de croissance est directement proportionnel à l'effort de R&D et au stock de connaissances accumulées

5.2.5. La croissance endogène fondée sur l'innovation à la Schumpeter

Il existe une vision duale du processus d'innovation c'est à dire deux régimes technologiques où le processus d'innovation induit la croissance économique : la *destruction créatrice* ou régime Schumpeter type I (Schumpeter, 1912) et l'*accumulation créatrice* ou régime Schumpeter type II (Schumpeter, 1942). Les modèles de croissance endogène s'inspirent principalement du régime type I. L'innovation est entendue au sens de Howitt comme « les nouveaux produits, les nouveaux procédés et les nouveaux marchés qui permettent de satisfaire les besoins matériels par des moyens qui n'avaient jamais été imaginés ». Il convient là aussi de distinguer deux types de modèles d'innovation [20] : Ceux qui considèrent la croissance fondée sur l'innovation horizontale à la suite de Romer (Grossman et Helpman, 1990 ; 1991b) et ceux dont la croissance est issue d'une innovation verticale (Aghion et Howitt, 1992, 1996, 1998).

En ce qui concerne le premier cas, les conditions d'une croissance résultent de la combinaison de deux mécanismes (Grossman et Helpman, 1991): la production d'une variété croissante de biens de consommation et l'accumulation de connaissance. La production d'une nouvelle variété découle de l'innovation (sous-produit automatique du *learning by doing*) tandis que l'accumulation de connaissance découlerait du *learning by doing*. Stokey (1988) a été le premier à souligner la distinction entre les nouveaux produits issus de l'innovation et les réductions de coûts résultant de l'apprentissage par la pratique. Ainsi, l'économie dispose de deux secteurs d'activité : l'un produit des biens de consommation et l'autre produit des connaissances dont la combinaison assure l'existence d'un taux de croissance d'équilibre. Dans d'autres modèles d'analyse, l'innovation et la R&D sont perçues comme une activité spécifique dont le résultat est une augmentation de la variété de biens de capital (Grossman et Helpman, 1990) ou de consommation (Grossman et Helpman, 1991b).

Par ailleurs, la croissance fondée sur une innovation verticale est l'œuvre de Aghion et Howitt (1992). Ils considèrent que la croissance économique est engendrée par une séquence d'innovations aléatoires améliorant la qualité du produit et que ces innovations sont le résultat

[20] Une autre voie est celle de Helpman et Trajtenberg (1998) qui introduit la notion de technologies d'usage général (TUG) où l'innovation est faite en deux étapes : l'invention de la TUG puis son adaptation et sa diffusion dans les différents secteurs ou activités économiques.

d'activités de recherche risquées. La découverte d'un bien de qualité supérieure exclut dans la gamme de choix du consommateur les biens de qualité inférieure. Le progrès technologique est assuré par la concurrence entre les entreprises car l'inventeur d'un nouveau produit, élimine les rentes de monopoles de ses prédécesseurs et se retrouve lui-même dans une situation de monopole temporaire. La durée de vie des biens n'est plus infinie de sorte que la recherche n'est plus déterministe mais aléatoire (risquée) car elle n'est plus toujours productive. L'introduction de nouveaux biens capitaux, en prenant en considération ce que Schumpeter appelle la destruction créatrice, implique que des activités sont détruites en même temps que d'autres sont créées. Dès lors, ce n'est plus l'augmentation du nombre de biens qui détermine la croissance (innovation horizontale) mais plutôt l'augmentation de la qualité des biens (innovation verticale). Ils trouvent à l'équilibre, un lien négatif entre la concurrence effective sur le marché des produits et la croissance. En effet, une exposition des entreprises à une concurrence intense rendrait les profits futurs incertains ou faibles, ce qui désincite l'investissement en R&D, ralentirait le progrès technologique, et par conséquent, la croissance économique à long terme. Ce résultat a été ensuite nuancé en introduisant une distinction entre recherche et développement.

Par la suite, Aghion et Howitt (1996) introduisent dans un modèle de croissance schumpetérien, une distinction importante entre la recherche et développement. L'objectif est d'analyser les interactions entre la croissance et le mixte entre la recherche et le développement. Sur la distinction entre recherche et le développement, ils considèrent que la recherche produit des connaissances fondamentales (innovations radicales), qui ne sont pas forcément utiles en elles-mêmes, mais qui ouvrent des fenêtres d'opportunités, alors que le développement a pour but de produire des connaissances secondaires (innovations incrémentales), qui permettront à ces opportunités de se réaliser. A cet égard, la distinction est à peu près la même que celle qui existe entre recherche fondamentale et recherche appliquée, entre invention et innovation, ou entre innovation et diffusion. Ainsi, la recherche et le développement sont des activités complémentaires; pour tirer profit des connaissances fondamentales générées par la recherche, une entreprise doit consacrer des ressources au développement d'applications, alors que le développement en lui-même ne serait d'aucune utilité s'il n'y avait pas d'idées fondamentales à développer.

Dans leur analyse, ils trouvent que le niveau de recherche tend à covarier positivement avec le taux de croissance, même dans le cas extrême où les connaissances générales qui sous-tendent la croissance à long terme ne sont créées que par des innovations secondaires résultant du processus de développement. Le résultat orignal est que contrairement aux modèles de croissance schumpétériens qui impliquaient qu'une concurrence accrue réduirait la croissance en diminuant l'incitation à innover [21] , l'introduction de la distinction entre recherche et développement implique que cet effet est susceptible d'être inversé. Ce résultat vient du fait qu'une augmentation de la substituabilité entre les nouvelles et anciennes lignes de produits implique une augmentation de la compétitivité entre elles ; ce qui incitera les développeurs à abandonner

[21] Selon Schumpeter (1942), la structure de marché favorable à l'innovation est le monopole qui fournit les incitations nécessaires à la R&D du fait qu'à travers un brevet, l'innovateur profite temporairement du fruit de ses recherches. La connaissance qui découle de l'innovation étant non rivale et non exclusive, alors un système de droits de propriété intellectuelle est nécessaire et devient une solution au manque d'incitation du marché concurrentiel.

plus rapidement les anciennes lignes de produits avec pour effet d'induire un niveau de recherche plus élevé. En définitive, toutes les innovations ne sont pas radicales mais elles sont aussi incrémentales. Ces dernières ne remplacent pas les anciennes technologies mais les complètent ou les améliorent.

Howitt et Aghion (1998) ont ajouté, dans les modèles de destruction créatrice précédents, le capital pour étudier son rôle et celui de l'innovation comme déterminants de la croissance de long terme. Ce modèle de croissance endogène combine le modèle de Solow-Swan d'accumulation du capital et celui d'Aghion et Howitt (1992) de destruction créatrice. Partant de l'hypothèse que le capital est utilisé dans la R&D, ils montrent qu'une subvention à l'accumulation de capital augmente le taux de croissance à long terme. De même, le modèle introduit une relation en forme de U inversé entre la concurrence et l'innovation et montre tout l'intérêt d'une intervention de l'Etat pour également réguler la concurrence.

Le tableau 1.1 présente une synthèse des différents modèles de croissance exogène et endogène et leurs hypothèses.

Tableau 1.1. Les modèles de croissance exogène et endogène

Typologies	Forme fonctionnelle	Hypothèses
1. Croissance néoclassique standard	$Y = TK^aL^b$ T est le niveau de technologie ou PTF, K, le capital physique et L le travail	$a + b = 1\ et\ 0 < a < 1$ Solow (1956)
2. Croissance néoclassique augmentée	$Y = TK^aL^bH^c$	$a + c = 1$ Mankiw et al., (1992)
3. Croissance endogène avec capital élargi aux externalités (x)	$Y = K^{a+x}L^b$	$a + x = 1$ Les externalités rendent la PmK constante et non décroissante comme chez Solow
4. Croissance endogène avec capital humain	$Y = K^aL^bH^c$	$a + c = 1$ Contrairement au modèle (2), ici la technologie T est le produit du capital humain H Lucas (1988)
5. Croissance schumpétérienne ou croissance endogène avec innovation	$Y = CK^aL^bD^d$	$a + b + d = 1$ C, une constante et D est l'indice de création de bien intermédiaires (innovation) qui rend constante la productivité des facteurs

Source : inspiré de Ron et Sunley (2005)

Pour conclure sur la théorie de la croissance endogène, il faut retenir que la présence des externalités conduit inévitablement à la non-convexité de la technologie, à l'existence des rendements d'échelle croissants et à la sous-optimalité de l'équilibre concurrentiel par rapport à l'optimum social. L'accumulation du capital produit des externalités de connaissances qui si internalisées, permettront à leur tour de maintenir le taux de croissance positif à long terme. C'est cette internalisation de ces externalités qui justifie une intervention de l'Etat.

5.3. La croissance concurrentielle en présence d'externalités : une raison de l'intervention de l'Etat

L'essentiel des modèles de croissance fonde l'existence d'une croissance autoentretenue par les externalités associées à la connaissance (Romer, 1986), au capital humain (Lucas, 1988), à l'innovation (Aghion et Howitt) et à la technologie (Romer, 1990). L'existence d'externalités implique que l'investissement d'un agent privé dans chacune des sources de croissance entrainerait un rendement social supérieur au rendement individuel[22]. C'est ce qui justifierait une intervention de l'État pour inciter les agents privés à investir davantage. Pour ce faire, il convient que l'Etat mette en place des politiques économiques visant à orienter les agents privés vers des activités génératrices de croissance et à protéger l'innovation en fournissant un cadre légal comme le système des brevets. Le brevet, tout en garantissant une

---

[22] Il existe d'autres modèles de croissance endogène sans externalités, dans lesquels les choix privés d'épargne et de croissance sont optimaux au sens de Pareto (Rebelo, 1991).

rente de monopole (même temporaire) aux investisseurs, pourrait les inciter à l'investissement qui profiterait ensuite au reste de la collectivité. Par exemple, l'Etat pourrait manipuler la durée de vie des brevets (voire son étendue) qui peut ainsi devenir, dans une analyse de second rang, un moyen de modifier l'appropriabilité de la connaissance pour promouvoir la croissance. La politique en matière de brevet consiste donc à en augmenter ou diminuer la durée légale afin de rétablir les incitations à investir et de modifier les conditions de concurrence potentielle selon le degré d'appropriabilité des connaissances.

La seconde justification de l'intervention de l'Etat est la réalisation d'infrastructures qui dérive du modèle de Barro (1990). Cependant, les dépenses publiques en infrastructures ont deux effets opposés. D'une part, le capital public améliore l'efficacité du capital privé qui a une productivité marginale décroissante dans le modèle de Solow. Dans une certaine mesure, cela peut également être vu comme une forme d'externalité positive dont bénéficient les industries des réalisations infrastructurelles de l'Etat. D'autre part, l'impôt qui finance ce capital public a un effet dépressif sur la productivité du capital en réduisant le revenu de l'investisseur. L'effet qui l'emporte dépend de la taille de l'Etat et de la nature des dépenses. Le premier effet l'emportera si la taille de l'Etat est petite (faibles dépenses publiques). La nature des dépenses est également à prendre en compte car les dépenses de prestation de services aux consommateurs réduit la croissance tandis que les dépenses de clarification des droits de propriétés (sécurité) l'améliorent.

6. Vers une théorie de la croissance unifiée

Les critiques liées aux modèles de croissance endogène concernent leur limite à expliquer le phénomène de la croissance dans son ensemble ou certains phénomènes historiques, dynamiques et complexes du développement. Les modèles de croissance endogène expliquent la croissance économique moderne et non celle d'avant la révolution industrielle caractérisée par une stagnation. De même, ils ne prennent pas en compte suffisamment le rôle de la démographie ainsi que l'origine historique du progrès technique. La prise en compte de ces insuffisances a donné naissance à la théorie de la croissance unifiée, développée par Galor et Weil (1996 ; 1999 ; 2000). Ils développent un modèle de croissance endogène unifié dans lequel l'évolution de la population, le progrès technique et la croissance sont en phases avec le processus de développement du dernier millénaire regroupé en 3 régimes :

- le régime malthusien ou régime de stagnation, caractérisé par une relation positive entre le revenu par tête et la croissance démographique. C'est un régime de croissance malthusienne où toute augmentation de la production est absorbée par la croissance de la population (effet de dilution de richesse) ;
- le régime post-malthusien, où il existe une croissance du revenu/tête mais moindre que dans le dernier régime (régime moderne) et une relation positive entre le revenu par tête et la croissance démographique demeure. Dans ce régime, le progrès

technologique augmente durablement la productivité mais la population continue de croitre, limitant ainsi le plein potentiel d'amélioration du niveau de vie ;

- le régime moderne, caractérisé par une croissance régulière du revenu par habitant et du niveau de la technologie et une relation négative entre le niveau de production et le taux de croissance de la population. Autrement dit, la croissance est soutenue grâce à l'accumulation de capital physique et humain, l'innovation et des institutions.

L'évènement qui explique la séparation des deux premiers régimes est le progrès technologique alors que pour les deux derniers, la transition démographique qui a suivi la révolution industrielle en est la cause. Pour ces auteurs, le modèle de croissance exogène échoue à expliquer ces transitions de même que ceux de la croissance endogène qui endogénéisent la croissance démographique (Becker et al., 1990) ; tous d'ailleurs fondés sur le régime moderne. Ainsi, pour expliquer cette transition de milliers d'années de stagnation malthusienne à la transition démographique vers la croissance moderne, ils considèrent trois mécanismes : (i) l'interaction entre le changement technologique et le taux de rendement du capital humain (Galor et Weil, 1999); (ii) les implications de la baisse de la mortalité sur l'investissement en capital humain et (iii) le rôle de l'écart entre les sexes dans la transition de la fécondité (Galor et Weil, 1996).

De façon générale, les développements de la théorie de la croissance unifiée visent à expliquer dans un cadre unique la stagnation malthusienne, le décollage permettant de sortir de la trappe malthusienne, l'émergence du capital humain dans le processus de développement, l'essor de la transition démographique et les origines de la croissance économique soutenue. Toutefois, la stagnation séculaire semble indiquer que le régime moderne est également caractérisé par une crise de croissance et pose l'intérêt d'un nouveau corpus théorique de la croissance.

7. La théorie de la stagnation séculaire ou la nécessité d'une nouvelle théorie de la croissance

La stagnation séculaire correspond à une situation combinant taux d'intérêt nul (excès d'épargne), inflation proche de zéro et sous-emploi. Il s'agit d'un prolongement de la théorie de la baisse tendancielle du taux de profit de Marx qui stipule qu'à taille de marché donnée, les investissements les plus rentables sont les premiers effectués et les investissements suivants sont de moins en moins lucratifs ; ce qui conduit à une baisse du taux de croissance (stagnation du revenu). Cette théorie a été initiée par le « keynésien américain » Hansen (1939) qui défendait l'idée d'un manque d'incitation à investir de la part des entrepreneurs, de sorte que la demande ne serait pas suffisante pour absorber toute l'épargne[23]. A la suite de Hansen, les défenseurs de cette théorie de la stagnation (ou de maturité économique) qui sont qualifiés de «stagnationnistes» ou « techno-septistes »[24], voient dans la

[23] Les Trente Glorieuses ont infirmé la thèse de Hansen

[24] Les techno-optimistes considèrent que la croissance à long terme sera portée par les robots, les big data et l'intelligence artificielle.

stagnation un acheminement inévitable vers la maturité. Les facteurs explicatifs de cette stagnation sont à rechercher du côté de l'offre (Gordon, 2015) et de la demande (Hansen, 1939; Summers, 2015).

Coté offre, Gordon explique le phénomène par le changement structurel dans la nature des innovations, notamment les innovations numériques. Ces innovations qui sont du capital immatériel (en l'occurrence les logiciels, les bases de données et les services en ligne) remplacent en partie le capital physique (bâtiments, machines). Elles sont associées dans un premier temps à une croissance de la productivité mais se sont ensuite caractérisées par des rendements décroissants selon Gordon. Il considère les innovations comme des arbres fruitiers ; elles produisent un effet limité sur les statistiques de productivité du travail puisqu'elles requièrent chez les travailleurs, un certain niveau de capital humain afin d'être exploitées pleinement. Ce paradoxe d'une productivité stagnante malgré un progrès technique est connu sous le nom de paradoxe de Solow[25]. Quant à la demande, Summers s'inscrit dans la logique de Hansen en justifiant la stagnation par l'épargne excédentaire elle-même liée à la croissance des inégalités. Cette situation survient quand les entrepreneurs choisissent d'épargner plutôt que d'investir. C'est le paradoxe de l'épargne de Keynes. Il est alors nécessaire selon Summers de développer les infrastructures et les investissements privés pour minimiser le risque de stagnation séculaire et augmenter la demande.

---

[25] Le paradoxe de Solow ou paradoxe de la productivité se résume au fait que « les ordinateurs sont partout sauf dans les statistiques du PIB ».

En conclusion, comme l'indique Gordon, la stagnation séculaire ne concerne pas seulement la demande ou l'offre, mais aussi l'interaction entre la demande et l'offre. Cette interaction fait appel à une conjonction des modèles de croissance orthodoxes et hétérodoxes afin de mieux prédire la croissance économique. C'est d'ailleurs pourquoi Aghion (2015) [26] affirme que la stagnation séculaire est une énigme qui montre bien les nombreux chemins à défricher encore pour élucider le processus de croissance. Non pas dans un esprit puriste, mais à l'évidence, la croissance est à repenser.

[26]http://eco-gestion.ac-amiens.fr/IMG/pdf/Lecon_inaugurale_de_Philippe_Aghion_au_College_de_France_01-10-2015.pdf

Chapitre II

Les théories explicatives du chômage et de l'emploi

Le chômage est un phénomène complexe, difficile à appréhender tant les facteurs sont multiples. La théorie a tant bien que mal nourri la réflexion à travers une controverse entre Classiques et Keynésiens, familière aux économistes. Quand la controverse enferme la réflexion dans un schéma au point où la Nouvelle Ecole Classique trouve le chômage inactif à toute politique, il n'est pas de trop de faire un clin d'œil aux théories hors de la controverse, qui sont toutes autant enrichissantes.

Dans les analyses à la base, une opposition nette est faite entre chômage volontaire et chômage involontaire. Pour les Classiques, la flexibilité des salaires permet de maintenir le plein-emploi. Si un chômage survient, il est volontaire et serait lié aux politiques salariales (salaire minimum) ou à l'action des syndicats. Cependant, la grande crise des années 1930 et la croissance du chômage induite, a remis en cause le modèle néo-classique d'équilibre général walrasien. C'est Keynes (1936), le père de la macroéconomie contemporaine qui apporte les explications de ce chômage massif à partir du concept de la demande effective. Ce n'est plus un problème d'offre mais d'insuffisance de demande globale car liée à la décision d'investissement des entrepreneurs ; ce qui explique le chômage involontaire.

Un consensus se dégage plus tard entre Classiques et Keynésiens sur le fait que le chômage ne concerne pas seulement la demande ou l'offre, mais l'interaction entre les deux. Ce consensus, qualifié de « première synthèse » est l'œuvre de Hicks (1937), à travers la courbe IS/LM puis la courbe de demande globale (*Agregate Demand*-AD) et d'offre globale (*Agregate Sypply*-AS). Cependant, l'absence de fondements microéconomiques de ces analyses agrégées ainsi que le choc pétrolier de 1973 ayant entrainé la stagflation[27], vont ébranler le consensus établi.

Les postkeynésiens ou les théoriciens du déséquilibre tentent d'expliquer le chômage (involontaire) au niveau microéconomique par un problème de déséquilibre lié à des imperfections d'information et des défauts de coordination entre agents. C'est essentiellement la viscosité des salaires, c'est-à-dire leur ajustement lent (et non pas rigide) à la baisse qui explique le chômage (involontaire). C'est Malinvaud (1977) qui donne un contenu achevé des analyses dans lesquelles on retrouve à la fois les raisons du chômage classique (volontaire) et keynésien (involontaire). Ce qui a valu la qualification de synthèse classico-keynésien ou la « seconde synthèse ».

Par ailleurs, la stagflation a ouvert un autre champ de recherche porté par les monétaristes dans un premier temps et les nouveaux économistes classiques dans un second temps. Friedman introduit le concept d'anticipation adaptatives pour remettre en cause le courbe de Phillips à long terme et où le chômage correspondrait à son niveau naturel-*Non Accelerating Inflation Rate of Unemployment* (NAIRU). C'est ce concept de taux de chômage naturel qui donne un coup d'envoi à la nouvelle économie classique. D'abord, la nouvelle école classique trouve incongrue l'hypothèse de la viscosité des prix émise dans les analyses des théoriciens du déséquilibre. Par exemple, Lucas, le chef

---

[27] La stagflation se réfère à une situation économique caractérisée par une inflation élevée, une faible croissance économique (stagnation) et un chômage élevé.

de fil, estime que les théoriciens du déséquilibre ont fait appel au commissaire-priseur tout en le bloquant dans son rôle. Il rétablit alors l'hypothèse de la flexibilité et introduit l'hypothèse d'anticipation rationnelle. Cette dernière rend définitivement inopérante la courbe de Phillips ; il n'existe qu'un seul taux de chômage, c'est le chômage naturel et aucune politique discrétionnaire n'a d'effet en matière de réduction du chômage. D'ailleurs, pour les théoriciens des cycles réels, le chômage n'existe pas dans la mesure où les marchés sont toujours à l'équilibre et fonctionnent parfaitement.

A la faveur du développement de la nouvelle microéconomie, le keynésianisme va se « réincarner » et la question du chômage et plus généralement les analyses sur le marché du travail feront encore l'objet de débats. La nouvelle économie keynésienne (NEK) a cherché les fondements microéconomiques à la question du chômage en adoptant l'hypothèse d'anticipations rationnelles des Classiques mais aussi l'hypothèse de la concurrence imparfaite. Les modèles microfondés sur les asymétries d'information (contrats implicites ou contrat optimaux et salaire d'efficience) et sur la théorie des jeux (modèles de négociation salariales et les modèles des Insiders/outsiders), leur permettront de réaffirmer le caractère involontaire du chômage. Par ailleurs, dans la recherche des déterminants structurels du taux de chômage d'équilibre, la NEK y a contribué à travers les modèles WS/PS. Dans cette même veine, se sont développées la théorie structuraliste du chômage de Phelps, la théorie du *job search* et la théorie de l'appariement ou théorie du matching. Ces théories se rejoignent sur le fait que le chômage s'explique par des facteurs microéconomiques (caractéristiques des offreurs de travail et celles des postes) mais aussi macroéconomiques (interventions ou contraintes institutionnelles sur le marché du travail).

Parallèlement à la NEK qui s'est développée dans les années 1970-1980, un courant « hétérodoxe » non homogène a également enrichi les analyses économiques du chômage et de l'emploi. Il s'agit principalement de la théorie de la segmentation du marché du travail, la théorie des syndicats et la théorie du déversement/compensation. Ces différentes théories montrent que des facteurs institutionnels et sociaux (syndicats, politiques publiques, éducation) influencent le fonctionnement du marché du travail.

Sans prétention à l'exhaustivité, ce chapitre rend compte des débats autour du chômage et de l'emploi sur le marché du travail depuis les pères fondateurs. La première section présente la controverse entre Keynésiens et Classiques, la deuxième s'intéresse aux débats théoriques du keynésianisme du déséquilibre, la troisième porte sur les analyses de la nouvelle économie classique puis celles de la nouvelle théorie keynésienne dans la quatrième. La cinquième expose les développements de la théorie du chômage d'équilibre et la sixième conclut sur les explications hétérodoxes du chômage.

1. Le chômage : un phénomène qui oppose Keynésiens et Classiques

Les économistes sont habitués à la controverse entre Classiques et Keynésiens dans l'histoire de la pensée économique. Sur la question du chômage, la controverse et nette et sans ambiguïté. En effet, pour les Classiques, le chômage est volontaire tandis qu'il est involontaire chez les Keynésiens.

Pour comprendre l'analyse des Classiques, il faut partir des hypothèses qui sous-tendent leur raisonnement : la concurrence pure et parfaite sur tous les marchés et l'équilibre général (Walras à Arrow-Debreu). Les Classiques considèrent que c'est l'ajustement du salaire qui garantit la rencontre entre l'offre de travail des salariés et la demande des entreprises. En effet, en cas de baisse de la demande de travail à partir d'une situation d'équilibre, seule une baisse du salaire peut permettre de maintenir le plein-emploi. Pourtant comme l'indiquent Walras (1877) ou Rueff (1925), il existe des entraves à cette flexibilité notamment l'action des syndicats et l'existence de salaire minimum. Il en résulte un chômage volontaire. Pour Rueff, trois types de chômage sont à distinguer: un chômage « permanent » attribuable à un excès des salaires réels par rapport au rendement du travail («loi de Rueff »), un chômage «temporaire» attribuable à un niveau insuffisant de l'activité économique provoqué par une diminution cyclique des prix, et enfin un chômage « minimal » de type frictionnel prévalant dans le fonctionnement normal de toute économie.

Pigou (1927) embouche la même trompette que Rueff en considérant que les politiques salariales sont la cause du chômage volontaire. Il met aussi en avant le rôle des syndicats en citant les premières conventions syndicats-patrons dans les années 1930 qui introduisent des minima salariaux et une assurance chômage.

La grande crise des années 1930 et la croissance du chômage induite, a remis en cause le modèle néo-classique d'équilibre général walrasien. Keynes (1936), père de la macroéconomie contemporaine, apporte les explications de ce chômage massif dans sa Théorie Générale. Contrairement à Say, Keynes considère que l'offre ne crée pas sa propre demande. Cette position de Keynes est centrale dans sa Théorie tant elle équivaut à dire que le chômage est involontaire. En effet, si l'offre ne crée pas sa demande, le futur est alors incertain et pour Keynes, la décision de production de l'entrepreneur est fondée sur la demande effective (dépense d'investissement + dépense de consommation). Or, l'investissement tout comme la consommation sont liés à un problème psychologique des consommateurs (loi psychologique fondamentale) et des entrepreneurs (esprits animaux). La demande globale demande globale serait alors insuffisante pour encourager les entreprises à produire davantage et embaucher, ce qui explique le chômage involontaire.

De cette controverse entre les Classiques et les Keynésiens sur le chômage, il semble se dégager un « consensus » à travers ce que Samuelson qualifie de « Synthèse Classico-Keynésienne » ou de « première synthèse », fondée sur la courbe IS/LM. Hicks (1937) élabore une première version IS/LL où il essaie de réconcilier les théories des fonds prêtables et de la préférence pour la liquidité[28]. Cette version est améliorée ensuite par Modigliani qui la transforme en IS/LM et popularisée enfin par Hansen (1949). Cependant, IS/LM ne prend pas en compte le marché du travail permettant d'analyser le phénomène du chômage. Une telle limite est levée par Patinkin (1957) puis par Phillips (1958) à travers sa courbe qui met en lien le taux de salaire et le chômage. Par ailleurs, Samuelson et Solow (1960) considèrent le taux d'inflation en lieu et place du taux de salaire tandis que Lipsey donne les fondements microéconomiques de la courbe. A travers cette courbe inflation/chômage, un arbitrage s'opère entre les deux variables.

---

[28] Voir De Vroey (2000) sur les différences entre les modèles IS-LL de Hicks et IS-LM de Modigliani.

Le modèle IS/LM a pour défaut d'être un modèle à prix fixes et d'ajustement par les quantités[29]. L'extension de ce modèle à prix et/ou salaire nominal flexible a donné lieu au consensus néokeynésien des modèles offre agrégée-demande agrégée (AD-*Agregate demand* et AS-*Agregate supply*). La courbe AD est issue du modèle IS/LM en supposant que le prix varie. Quant à la courbe AS, elle était absente dans le modèle IS/LM où on considérait un ajustement automatique de la production à toute variation de la demande. AS est une fonction de production agrégée qui décrit le niveau de production nationale comme une fonction du seul volume d'emploi ; c'est-à-dire que ce sont les salaires nominaux qui conditionnent le niveau de production et donc le déplacement de AS. La prise en compte de cette courbe AS a permis de considérer les facteurs exogènes comme le choc pétrolier de 1973 qui a remis en cause IS/LM.

Le keynésianisme a connu un déclin dans les années 1970 pour deux raisons essentielles, empirique et théorique. La raison théorique est le problème de cohérence des analyses macroéconomiques des Keynésiens avec les fondements microéconomiques de la concurrence et de l'équilibre général. La raison empirique est le choc pétrolier ayant conduit à la stagflation et une remise en cause du consensus keynésien fondé sur la courbe de Phillips. La première raison fonde l'agenda de recherche des postkeynésiens sur les fondements microéconomiques de la macroéconomie tandis que la seconde marque le point de départ de la « révolution monétariste » et l'émergence de la nouvelle économie classique.

[29] Chez Keynes et dans le modèle IS/LL, les salaires nominaux sont considérés comme rigides ; les prix sont considérés comme fixes dans IS/LM.

2. Les débats théoriques précurseurs des fondements microéconomiques du chômage : le keynésianisme du déséquilibre

Les travaux fondateurs de Patinkin (1957), Clower (1965) et Leijonhufvud (1968), visent à expliquer les déséquilibres sur le marché du travail. Ils abandonnent l'hypothèse d'information parfaite et de parfaite flexibilité des prix. Ils parviennent ainsi à montrer que le chômage (involontaire) est un problème de déséquilibre lié à des imperfections d'information et des défauts de coordination entre agents. Plus généralement, ils situent la cause du chômage du côté de la viscosité des prix (ajustement lent et non pas rigide des prix).

Alors que les fondateurs de la théorie étaient centrés sur la viscosité dans le cadre de l'équilibre général walrassien (Patinkin, 1956) puis marshallien (Clower et Leijonhufvud, 1975), les développements qui ont suivi considèrent l'hypothèse de rigidité des prix, d'où la théorie des équilibres temporaires à prix fixes (Barro-Grossman, 1971, Bénassy, 1975 ; Drèze, 1975). Ils utilisent la méthode de Hicks qui considère que les prix sont fixes ou rigides à court terme, permettant d'étudier plus facilement l'ajustement entre l'offre et la demande. Ainsi, dans ces études, les prix sont supposés être temporairement fixes à court terme et les ajustements se font par le biais d'un rationnement des quantités.

Cette théorie du déséquilibre s'est ainsi très vite transformée en théorie des équilibres temporaires à prix fixes ou théorie du rationnement ou d'équilibre avec rationnement ou encore d'équilibre non-walrasien (Barro et Grossman, 1971; Drèze, 1975, Benassy, 1975; Malinvaud,

1977). Barro et Grossman utilisent un modèle d'équilibre général simplifié à trois biens dont le travail, une marchandise et un bien monétaire. Il est supposé que le vecteur des prix d'équilibre ne parvient pas à s'imposer suite à un blocage du tâtonnement. C'est dans ce contexte de blocage d'ajustement des prix que Drèze a introduit un mécanisme d'ajustement par les quantités dans lequel la quantité maximale à céder ou à acquérir est annoncée par le commissaire invisible. Benassy quant à lui sort de ce cadre walrassien à l'image de Clower et de Leijonhufvud et s'inscrit dans un cadre où l'échange d'informations consiste non seulement en des signaux de prix, mais aussi en des signaux de quantité générés de manière décentralisée sur chaque marché par les demandes et les offres des agents.

Le principe de l'analyse est qu'au début d'une période donnée, les prix sont fixés, par exemple par les vendeurs, à la lumière de leur expérience passée et de leurs attentes concernant l'état de l'économie au cours de la période à venir et des périodes ultérieures. Une fois que ces prix sont fixés, ils ne peuvent plus être modifiés jusqu'à la période suivante. À ces prix, les demandes et les offres actuellement exprimées ex ante par les agents peuvent ne pas être compatibles. L'accent est mis sur l'existence d'équilibres de sous-emploi involontaire, issus, cette fois, du défaut de coordination des actions individuelles par le jeu du marché : ce dernier se révèle incapable de fournir aux agents les « signaux » (ou les informations) permettant de rendre leurs décisions compatibles. De cette théorie découle une distinction majeure entre le « chômage classique » et le « chômage keynésien ». Bien que présent dans les analyses de Barro et Grossman, c'est Malinvaud (1977) qui donne un contenu achevé. Le chômage classique, de nature volontaire, est la conséquence d'un coût en travail excessif car comme dans les modèles microéconomiques traditionnels, c'est une valeur trop élevée du salaire qui réduit la demande de travail en dessous du niveau de plein emploi. De même, ce chômage est dû à une insuffisance des capacités de productions car l'alourdissement du coût du travail conduit les entreprises à privilégier les investissements de productivité. En effet, des taux de profits bas amènent les entreprises à ne pas prendre de risques de construire des capacités de productions qui pourront être inutilisées. Par ailleurs, lorsque l'économie est en sous-emploi et que les entreprises rencontrent des contraintes de débouchés sur le marché des biens, il en résulte un « chômage keynésien ». De façon générale, trois types d'équilibres sont envisageables (cf. tableau 2.1). Il s'agit de :

- chômage keynésien : il y a un excès d'offre sur les deux marchés. Les ménages ne peuvent pas vendre tout le travail qu'ils souhaitent, et la production des entreprises est contrainte par la demande effective des ménages. Une politique de relance d'inspiration keynésienne est une solution à ce chômage.
- chômage Classique :il y a excès d'offre de travail et excès de demande de biens. Les ménages sont contraints sur les deux marchés et les firmes ne sont pas contraintes. Dans ce cas les salaires trop élevés favorisent la demande de travail mais dissuadent les entreprises à embaucher. Une politique d'abaissement des salaires permet d'augmenter l'embauche et donc la production dans l'optique classique.
- inflation contenue :il y a excès de demande sur les deux marchés. Les entreprises ne peuvent pas embaucher autant de main-d'œuvre qu'elles le souhaitent aux prix et aux salaires en vigueur, et les ménages ne peuvent pas acheter autant de produits qu'ils le souhaiteraient. Dans ce cas, une

augmentation de la productivité par le biais du progrès technique permet de réduire cette inflation.

En particulier, sur le marché du travail, il est vrai que la loi de l'offre et de la demande est en œuvre mais son effet à court terme est limité de sorte que les salaires ne sont pas flexibles. Ainsi, des ajustements quantitatifs importants doivent alors avoir lieu. Par exemple, des heures de travail sont modifiées, les recrutements sont accélérés ou arrêtés, ou les licenciements sont plus ou moins nombreux.

Tableau 2.1. Les types de chômage dans la théorie du déséquilibre

		Marché des biens et services	
		Excès d'offre	Excès de demande
Marché du travail	Excès d'offre	Chômage keynésien	Chômage classique
	Excès de demande	La surproduction et la pénurie de main d'œuvre correspondent à l'économie socialiste	Inflation contenue

Source : Malinvaud, 1977

L'objectif des théoriciens du déséquilibre était d'expliquer le chômage involontaire dans le cadre de l'équilibre walrassien. Ce qui a valu à leurs développements théoriques la qualification de synthèse classico-keynésien ou la « seconde synthèse » : le chômage involontaire est keynésien et le cadre walrassien est classique. Cependant, ce programme de recherche a été abandonné (ou presque) par la suite pour deux raisons : la première raison c'est l'introduction des politiques de flexibilité des prix de certains gouvernements. La seconde raison, purement théorique s'inscrit dans la critique de Lucas sur l'incongruité de l'hypothèse de rigidité des prix adoptée par les théoriciens du déséquilibre alors même qu'ils adoptent un cadre walrassien. Pour Lucas, on ne peut pas faire appel au commissaire-priseur et le bloquer dans son rôle.

3. Le chômage volontaire dans la nouvelle économie classique

L'une des raisons de la fin du consensus keynésien a été la stagflation survenue suite au choc pétrolier de 1973. Celle-ci a remis en cause l'idée qu'un faible niveau de chômage pouvait se maintenir à condition de tolérer un peu d'inflation. Cette remise en cause de la courbe de Phillips a donné lieu à des explications monétaristes du chômage de masse (Karl Brunner; Alan Meltzer et Milton Friedman), par l'introduction des concepts d'anticipations adaptatives et du taux naturel de chômage (Phelps, 1967 ; Friedman, 1968).

Friedman introduit le concept d'anticipations adaptatives pour expliquer que les agents sont victimes d'illusion monétaire à court terme mais qui se dissipe progressivement et disparait à long terme. Dès lors, la courbe de Phillips devient verticale à long terme : le taux de chômage est égal à son niveau naturel et l'arbitrage entre chômage et inflation disparait. Phelps (1967) puis Friedman (1968) introduisent le concept de taux naturel de chômage[30] en faisant évoluer l'analyse du marché de travail sur une base Adhoc à travers la courbe de Phillips vers un cadre méthodologique plus solide. Ils montrent qu'en partant d'un taux de chômage initial d'équilibre (U*), où les taux d'inflation actuel et anticipé sont égaux, toute tentative de réduction du taux de chômage en dessous de U* aurait pour effet d'augmenter l'inflation actuelle au-dessus de l'inflation anticipée et celle-ci augmenterait alors d'une unité en réponse, déplaçant la courbe de Phillips à court terme vers le haut. Ce processus de déplacement vers le haut se poursuit suivant la révision des anticipations jusqu'à ce que le taux de chômage retrouve son niveau d'équilibre. L'arbitrage « temporaire » n'est pas entre l'inflation en elle-même, mais avec l'inflation non anticipée. Ainsi, il n'y a plus qu'un seul taux de chômage "naturel" compatible avec une inflation stable. C'est pourquoi, qualifié de taux de chômage d'équilibre chez Phelps, de taux de chômage naturel chez Friedman, de l'hypothèse de taux de chômage naturel chez Tobin (1972), ce niveau de chômage sera appelé « NAIRU (*Non Accelerating Inflation Rate of Unemployment*) » pour la première fois[31] par Tobin (1976) puis Okun (1978). Tobin et al (1999) estiment que le NAIRU est Keynésien tandis que le taux naturel est classique. En revanche, Backhouse et al, (2023) montrent qu'il n'existe aucune différence théorique entre les deux qui analysent le chômage du côté de l'offre.

A la conférence de l'Association Economique Américaine, le mot prononcé par Friedman sur le NAIRU a

---

[30] Deux hypothèses caractérisent le taux naturel : (i) il existe un équilibre de chômage déterminé par des facteurs réels de l'économie (dichotomie), (ii) l'équilibre, l'emploi et le salaire réel sont déterminés sur le marché du travail (décomposabilité).

[31] Certains considèrent l'origine depuis Modigliani et papademos (1976) avec le concept de *Non-Inflationary Rate of Unemployment* (NIRU).

donné le coup d'envoi de la nouvelle économie classique. Friedman (1968) définit le taux de chômage naturel comme « *le niveau de chômage qui émergerait d'un système d'équilibre général walrasien si on incorporait à ce système les caractéristiques structurelles réelles des marchés du travail et des biens, comme l'imperfection des marchés, le caractère aléatoire des offres et demandes, les coûts d'acquisition d'information sur les emplois vacants, les coûts de mobilité, ...*». Le chômage naturel est walrassien et volontaire car s'expliquerait par le refus des chômeurs d'accepter un salaire jugé trop faible (salaire de réserve) pour un niveau de compétence donné et du manque d'intérêt des firmes de proposer un salaire plus élevé.

Les NEC adhérent au concept de taux naturel de chômage mais s'intéressent à ses fluctuations en s'appuyant sur trois hypothèses : (i) les anticipations rationnelles, (ii) la flexibilité des prix et des salaires sur tous les marchés et (iii) l'équilibre général. L'hypothèse d'anticipation rationnelle de Muth (1961), popularisée par Lucas (1972) est celle qui a révolutionné les analyses des nouveaux Classiques. Selon Lucas (1972), les anticipations rationnelles posent le principe que les agents d'un modèle économique utilisent correctement l'information dont ils disposent sur le présent et le futur. Dès lors, selon les NEC, toute fluctuation du chômage naturel serait liée à des distorsions de l'offre et de la demande causées par des anticipations erronées sur les prix et les salaires réels. Autrement dit, pour eux, les marchés sont toujours parfaits, l'offre est égale à la demande mais les prix, les salaires et les quantités sur ces marchés diffèrent de ceux du niveau naturel.

Le nouveau modèle classique produit une courbe de Phillips avec un taux de chômage naturel unique : si le chômage tombe en dessous de ce taux naturel, l'inflation s'accélère. Si le chômage est supérieur au taux naturel, l'inflation décélère continuellement. Selon Akerlof (1979), le modèle de Sargent (1973) est représentatif de la nouvelle économie classique avec trois équations : la courbe IS, la courbe LM et l'offre globale. De ce modèle, il ressort qu'un taux de chômage supérieur au taux naturel ne peut persister que le temps qu'il faut aux acteurs du marché pour formuler correctement leurs anticipations. Alors que pour Friedman, l'économie se retrouve au niveau de chômage naturel avec un retard compte tenu des anticipations adaptives, chez les NEC, l'économie y parvient de façon immédiate avec les anticipations rationnelles et la parfaite flexibilité des salaires sur le marché du travail. De ce fait, la courbe de Phillips est verticale aussi bien à court terme qu'à long terme, remettant en cause l'efficacité de toute politique discrétionnaire en termes de réduction du chômage.

La théorie des cycles réels développée notamment par Kydland et Prescott (1982) et Long et Plosser (1983), prolonge les analyses des NEC et le chômage devient une variable sans intérêt. En effet, les modèles de cycles réels satisfont automatiquement l'hypothèse du taux naturel en raison de leur hypothèse de prix totalement flexibles qui fait que tout changement du niveau de chômage est vu comme un changement du taux naturel du chômage. Pour ces économistes, le chômage n'existe pas dans la mesure où les marchés sont toujours à l'équilibre et fonctionnent parfaitement. Autrement dit, tout chômage observé est volontaire ou dû à des ajustements transitoires, par exemple une préférence temporaire pour le loisir en réponse à une baisse des salaires. Il existe plutôt un taux naturel d'emploi qui représente le niveau d'emploi compatible avec l'équilibre du marché du travail. Cependant, bien que le chômage ait disparu dans les analyses du *mainstream*, ce concept demeure en économie de façon générale.

La remise en cause de la courbe de Phillips aussi bien à court terme qu'à long terme par les NEC semblait enterrer définitivement le keynésianisme. Toutefois, pour emprunter les propos de Mankiw (1992), l'économie keynésienne s'est réincarnée avec la nouvelle théorie keynésienne. D'ailleurs, un « consensus » s'est établi entre la NEC et la NEK sur la nécessité de trouver des fondements microéconomiques de la macroéconomie.

4. Le chômage involontaire et les rigidités réelles dans la nouvelle théorie keynésienne

Le chômage structurel a longtemps été assimilé à du chômage volontaire par les NEC. Cependant, les NEK vont admettre que celui-ci comporte une composante involontaire résultant des imperfections institutionnelles du marché du travail. L'objectif des NEK est de proposer les fondements microéconomiques de cette composante involontaire. Ils ont vite adhéré à la recherche des fondements microéconomiques de la macroéconomie. Ils adoptent l'hypothèse d'anticipations rationnelles des NEC au point où Mankiw (1993) considère que la nouvelle macro-économie keynésienne correspond à l'ancienne augmentée des anticipations rationnelles. Cependant, les NEK se démarquent des NEC par l'hypothèse de la concurrence imparfaite.

Face à la critique de l'absence de fondements micro de la macroéconomie, les NEK vont prolonger les analyses des postkeynésiens du déséquilibre avec des modèles microfondés et des modèles hors marché pour expliquer le chômage involontaire. Cependant, contrairement aux théoriciens du déséquilibre qui se concentraient plus sur les conséquences des rigidités, les NEK vont plutôt mettre l'accent sur les causes. Selon Phelps et Taylor (1977),

Fischer (1977) et Taylor (1980), les rigidités nominales de salaire reposent sur l'existence de contrats salariaux de long terme dans lesquels le salaire nominal, pour lequel les entreprises sont prêtes à embaucher, est déterminé à l'avance pour une période donnée. Ces premières explications des causes des rigidités sont critiquées pour leur manque de fondements microéconomiques (Gordon, 1976)[32]. Ainsi, face au constat qu'en période de chômage élevé les salaires ne baissent pas, les NEK vont chercher les causes des rigidités réelles sur le marché du travail. Ils vont ainsi admettre que les agents économiques (salariés et entreprises) sont des *faiseurs de prix*, c'est-à-dire que désormais le salaire est considéré comme exogène. La recherche des fondements microéconomiques a été possible grâce au développement de la nouvelle microéconomie sur laquelle les NEK s'appuient. Dès lors, les théories du chômage développées dans la NEK s'inspirent de la nouvelle microéconomie : la théorie de l'information (les asymétries d'information en l'occurrence), la théorie des jeux et la concurrence imparfaite.

4.1. Les théories du chômage microfondées sur les asymétries d'information

Pour expliquer le chômage involontaire, les nouveaux Keynésiens s'appuient sur la théorie des asymétries d'information en développant la théorie des contrats implicites et optimaux et la théorie du salaire d'efficience.

---

[32] Les travaux des NEK sur les rigidités nominales se sont poursuivis sur le marché des biens notamment à travers les modèles de concurrence monopolistique et de coût des menus (*menus cost*).

La théorie des contrats implicites (Baily, 1974 ; Gordon, 1974 ; Azariadis, 1975) et la théorie des contrats optimaux (Holmström, 1979, 1981 Spence, 1973) [33] se complètent dans la conception des contrats en situation d'asymétrie d'information. La théorie des contrats optimaux concerne la conception des contrats explicites visant la maximisation du bien-être du principal (employeur) et de l'agent (employé) en équilibrant les risques et les incitations. Quant à la théorie des contrats implicites, elle est relative aux accords non formalisés ou non écrits. Elle introduit l'incertitude sur le marché du travail en montrant que les transactions sur le marché du travail peuvent être considérées comme des accords contractuels (implicites) entre des employés averses au risque et des employeurs neutres au risque. Il existe donc un accord tacite entre les employés et les employeurs dont le but est de limiter l'incertitude. Ainsi, les salariés qui craignent que leur salaire ne subisse des aléas de la conjoncture, souhaitent que leur employeur joue le rôle d'assureur. Si les entreprises garantissent des salaires stables, les employés acceptent un salaire réel en moyenne inférieur à celui, fortement variable, qui résulterait des seules forces du marché. Le salaire est alors rigide et diffère du salaire d'équilibre. L'économie se situe dans une situation sous optimale et le chômage devient possible : d'où le chômage involontaire. Toutefois, la théorie ne permet pas de comprendre pourquoi les agents, libres de négocier les contrats qui les unissent, restent fidèles à leurs engagements si ceux-ci se révèlent pour eux désavantageux.

En ce qui concerne la théorie du salaire d'efficience, elle remonte aux travaux de Leibenstein (1957). En effet, si pour les théoriciens néo-classiques le salaire est fonction de la

[33] De façon générale, Mirrlees, Holmström, Hart, Laffont, Maskin et Myerson ont contribué à l'élaboration et à l'enrichissement de la théorie des contrats optimaux à travers des modèles visant à résoudre les problèmes d'asymétrie d'information et d'incitations dans les contrats.

productivité du travail, il montre que le changement de la productivité du travailleur dépend de son salaire. Des salaires plus élevés permettent de satisfaire les principaux besoins des employés qui deviennent par conséquent plus productifs : c'est le fondement marginaliste de cette théorie.

A la suite de Lebeinsten, les analyses dans cette théorie permettent d'expliquer le chômage involontaire en ce sens que le salaire d'efficience introduit des rigidités à la baisse du salaire. Les modèles théoriques qui s'inscrivent dans ce cadre expliquent que les entreprises payent de hauts salaires pour améliorer la productivité du travail ou pour stabiliser la main-d'œuvre et refusent d'embaucher des travailleurs acceptant une rémunération inférieure au « salaire efficient » : d'où le chômage involontaire (Cahuc et Zylberberg, 1994). Les modèles comme les coûts de rotation de la main d'œuvre, l'échange/don, le modèle de sélection adverse ainsi que les coûts de contrôle de l'effort des travailleurs sont couramment évoqués pour expliquer une telle rigidité des salaires réels. Le modèle des coûts de rotation de la main d'œuvre de Stiglitz (1974) met l'accent sur les coûts importants de la rotation de la main d'œuvre : coût du licenciement (surtout si des primes de licenciement sont prévues), coût d'embauche (par exemple, l'utilisation d'un cabinet de recrutement), coût de formation et coût d'adaptation (les nouvelles embauches sont moins productives). Les entreprises peuvent avoir intérêt à rémunérer leurs salariés au-dessus du salaire du marché (et donc du salaire d'équilibre) afin de les fidéliser car une politique de bas salaire favorise le tir au flanc et fragilise la productivité alors qu'un salaire plus élevé permet d'attirer des individus qualifiés et productifs qui refuseraient de travailler au salaire d'équilibre.

Dans la même veine, le modèle du «tir-au-flanc » (*shirking models*) ou le modèle des coûts de contrôle de l'effort des travailleurs présenté par Shapiro et Stiglitz (1984), fait l'hypothèse qu'il est très difficile pour l'entreprise de contrôler le comportement au travail de chacun de ses employés. Les employés qui sont rationnels peuvent en profiter pour « tirer au flanc ». Les coûts en surveillance étant important, l'entreprise peut proposer des salaires relativement élevés pour augmenter le coût d'opportunité du licenciement. La menace du licenciement n'est dissuasive qu'en cas de chômage de masse (risque de ne pas trouver d'emploi) ou lorsque le travailleur a peu de chances de retrouver un emploi aussi bien rémunéré. Un salaire élevé dissuade les individus de tirer au flanc car la perte est plus importante s'ils sont démasqués. L'entreprise a donc souvent intérêt à rémunérer ses salariés au-dessus du salaire d'équilibre. Ce phénomène risque néanmoins de produire un excès d'offre de travail par rapport à la demande et donc de créer du chômage involontaire.

Dans le modèle de sélection adverse, Stiglitz (1976) et Weiss (1980) expliquent qu'une entreprise appliquant de faibles rémunérations risquerait de n'attirer que les travailleurs les moins productifs. Il peut être souhaitable alors de proposer à l'embauche des salaires plus élevés afin d'attirer les travailleurs les plus productifs ayant les salaires de réservations les plus hauts. Manquant d'informations sur les qualités réelles des chercheurs d'emploi, les entreprises qui appliquent cette méthode font l'hypothèse que le salaire de réservation reflète approximativement l'efficacité du postulant. Ainsi, si les travailleurs sont hétérogènes en aptitude et si les aptitudes et les salaires de réserve sont corrélés positivement, les firmes offrant des hauts salaires vont attirer les meilleurs candidats. Akerlof (1984) développe le modèle « échange/don » dans une version sociologique à la Marcel Mauss, où il affirme que certaines entreprises ne sont pas mues par des esprits animaux, mais qu'elles ont un réel souci d'équité qui les dissuade d'offrir des salaires trop bas. De leur côté, les employés ont besoin d'être reconnus et donc de se faire traiter équitablement, sinon leur moral et leur productivité se dégradent. Des salariés recevant une rémunération supérieure à celle du marché sont satisfaits et reconnaissants ; en contrepartie ils améliorent leur productivité ; ils font ainsi un *don* volontaire à l'entreprise en *échange* de ce salaire plus élevé.

Les approfondissements de la théorie du salaire d'efficience sur le fonctionnement du marché du travail concernent la théorie des "différences égalisatrices" ou théorie des différences compensatrices, qui fait référence aux différentiels de salaires requis pour égaliser globalement les avantages monétaires ou non monétaires entre activités de travail et entre travailleurs eux-mêmes (Rosen, 1986). Elle explique pourquoi sur un marché du travail concurrentiel, certains emplois sont mieux rémunérés que d'autres, même si les compétences exigées sont identiques. Les écarts de salaires ne sont seulement liés aux qualifications comme dans la théorie du capital humain, mais aussi aux caractéristiques des emplois et aux préférences des travailleurs. En effet, la théorie du capital humain[34] explique que l'acquisition de l'éducation et de l'expérience professionnelle (qui améliorent la productivité) ont un coût et que les salaires plus élevés versés en moyenne aux individus plus éduqué et plus âgés ne font ici, dans une certaine mesure, que "compenser" le coût des investissements dans l'éducation et la formation (Arrow, 1973). Aussi, la théorie de la hiérarchie des salaires explique que malgré que les individus aient des caractéristiques productives similaires, l'employeur peut les traiter différemment. L'écart de salaire repose sur des différences

---

[34] C'est le relâchement de l'hypothèse d'homogénéité du travail qui a donné lieu à la théorie du capital humain qui explique les différences salariales par les différences de qualification. Une théorie concurrente est la théorie du filtre initiée par Arrow (1973) qui considère que la décision d'embauche s'appuie sur le niveau de diplôme du candidat, non pas pour évaluer sa productivité potentielle, mais plutôt en tant qu'indicateur servant uniquement à faire le tri parmi les différents candidats avant l'embauche (modèles de tri).

entre les caractéristiques non productives des travailleurs, c'est-à-dire sur des paramètres indépendants de leurs aptitudes (taux de préférence pour le présent et attitude vis-à-vis du risque, etc.), de leur formation, et de leur qualification. Sans expliquer directement le chômage, ces prolongements permettent de comprendre les raisons de la pratique de salaires plus élevés que le salaire d'équilibre ainsi que les écarts de salaire sur le marché du travail.

4.2. Les théories explicatives du chômage microfondées sur la théorie des jeux

La théorie des jeux a servi de cadre d'analyse pour expliquer le fonctionnement du marché du travail. Dans ce champ se sont développées les théories des négociations grâce à la théorie des jeux non coopératifs (Cahuc et Zylberberg, 1996). Les modèles de négociation salariales, les modèles des *insiders/outsiders* et l'hystérèse du chômage y trouvent leur fondement.

De façon générale, dans les modèles de négociation, la spécificité du marché du travail est d'ordre institutionnel. Les salaires ne sont pas fixés librement par les offreurs et les demandeurs de travail, ils sont négociés au niveau des entreprises, des branches ou, parfois, de l'économie toute entière, par des représentants des employeurs et des salariés. Les salaires sont ainsi déconnectés des conditions de marché du fait des conditions mêmes de la négociation des salaires par les syndicats. La théorie des négociations salariales montre les interactions entre l'action syndicale et la décision de la firme à travers deux modèles : le modèle des contrats optimaux (Mac Donald et Solow, 1981) et le modèle des droits à gérer (Nickell, 1982). Dans le modèle des contrats optimaux, les négociations entre syndicats et firmes portent sur les salaires et l'emploi. Cette négociation se fait à l'image de la boite d'Edgeworth. Plus le pouvoir syndical est fort, plus les négociations sont favorables à la fois aux salariés et à l'emploi. Dans le modèle de droit à gérer, les négociations portent sur le salaire, le niveau d'emploi étant exclusivement du ressort de la firme. Contrairement au modèle précédent, si le syndicat est fort, il s'en suit une augmentation des salaires, mais l'emploi se dégrade. C'est en ce sens que le syndicat est considéré comme responsable d'un niveau d'emploi inférieur au plein emploi concurrentiel. En cas de choc conjoncturel, l'entreprise ne pourra pas diminuer les salaires en raison des engagements pris et ce seront donc les effectifs qui subiront l'ajustement à la baisse. Cette théorie explique la formation des phénomènes d'hystérèse par l'opposition entre *insiders* et *outsiders*.

La théorie des « *insiders/outsiders* » développée par Lindbeck et Snower (1989) est une application de la théorie du salaire d'efficience à l'organisation. Elle présente les effets de l'opposition entre les salariés déjà employés dans l'entreprise (*insiders*) et les chômeurs (*outsiders*). Les *insiders* sont conscients des coûts de rotations importants de l'entreprise et ils savent qu'ils peuvent exercer une influence sur ces coûts en acceptant de coopérer avec les nouveaux arrivants ou au contraire en décidant de leur mener la vie difficile. Ainsi, les travailleurs stables et intégrés sont peu vulnérables alors que les outsiders sont marginalisés. Ce modèle contribue à expliquer l'hystérèse du chômage : les *insiders*, freinant la baisse du salaire en cas de chômage, empêchent les outsiders de se faire embaucher moyennant un salaire plus bas.

L'hystérèse (hystérésis) du chômage trouve son origine dans le travail de Phelps (1972) et formalisée par Blanchard et Summers (1987) et Lindbeck et Snower (1988). En effet, le chômage subit un effet d'inertie très fort : le taux de chômage d'une période dépend du taux de chômage des périodes précédentes[35]. Suite à un choc, le chômage augmente et une partie des *insiders* devient outsider. Ce faisant, le pouvoir de monopole des *insiders*, en nombre plus réduit, se renforce encore, leur permettant de réclamer d'autant plus une hausse de salaires. Par ailleurs, le chômage conduit à la dépréciation du capital humain : les chômeurs subissent un *pretium doloris.* De nombreux chômeurs de longue durée sont démotivés et donc moins efficaces. Ces chômeurs sont souvent l'objet d'une discrimination de la part des employeurs qui peuvent avoir tendance à douter de leurs compétences et de leurs productivités. Cette hystérèse pourrait s'aggraver en cas de persistance prolongée du chômage (cf encadré 2.1).

Encadré 2.1. Hystérèse versus persistance du chômage

L'hystérèse traduit une situation où un choc temporaire affecte durablement le taux de chômage. Les effets persistent même lorsque les causes du choc ont disparu : le chômage prend une nouvelle valeur d'équilibre plus élevée.

Pour ce qui est de la persistance, le taux de chômage finit par revenir à son niveau (initial) d'équilibre de long terme qui correspond au taux de chômage naturel, appelé NAIRU.

Lorsque la persistance dure longtemps, le chômage de longue durée apparait, ce qui pourrait aggraver l'hystérèse.

[35] Il y a hystérèse lorsqu'une partie des chômeurs ne pèse plus sur la formation des salaires, soit parce que les personnes qui ont été au chômage trop longtemps ont perdu leur compétence professionnelle (pretium doloris), soit parce que les entreprises refusent de les embaucher, ne pouvant les distinguer des personnes peu efficaces ayant choisi de ne pas travailler ou ayant des défauts cachés, soit parce que les négociations sont menées par les travailleurs en place, qui ne défendent pas les intérêts des chômeurs (Blanchard et Summers, 1987).

5. Les développements de la théorie du chômage d'équilibre

La théorie économique distingue le plein emploi qui signifie l'emploi de toute la main d'œuvre en âge de travailler et l'équilibre du marché de travail, qui fait référence à une situation stable dans laquelle peut persister un certain niveau de chômage appelé chômage d'équilibre.

Le taux de chômage d'équilibre parfois appelé chômage naturel, est celui qui assure une inflation stable et constitue le niveau soutenable pour le taux de chômage effectif. Plusieurs théories et modèles se sont développés dans ce champ de recherche notamment la théorie structuraliste du chômage de Phelps, les modèles Wage setting/Price Setting (WS-PS) de la nouvelle école keynésienne, la théorie du *job search* et la théorie de l'appariement ou théorie du matching.

5.1. L'explication du taux naturel du chômage par des déterminants structurels

Le taux naturel était supposé être déterminé de manière exogène par des variables d'offre telles que l'état de la technologie, les préférences et les caractéristiques des marchés. Cependant, si le taux naturel, d'inspiration macroéconomique suivant la courbe de Phillips, est considéré comme un niveau stable de chômage, cela a été remis en cause par les faits dans la seconde moitié des années 1990. Les prolongements ont cherché à expliquer cette instabilité du taux naturel par des déterminants structurels d'inspiration microéconomique en l'endogéneisant. Dans le prolongement de ses travaux sur le taux de chômage naturel, Phelps (1994 ; 1995) cherche à identifier les facteurs structurels explicatifs des fluctuations du taux de chômage naturel qui « bouge » à travers la théorie structuraliste du chômage. Cette théorie explique comment des variables non monétaires peuvent générer du chômage structurel. Autrement dit, elle s'intéresse sur comment le changement de la structure de l'économie (taux d'intérêt réel, taux de change réel, déficit budgétaire et transferts) modifie la dynamique du chômage.

Phelps a bâti la théorie structuraliste du chômage autour du rôle des taux d'intérêt et des taux de change dans la demande de travail, le rôle des revenus non salariaux (richesse privée et le "capital social" fourni par les allocations gouvernementales) et les effets de certains types d'impôts et d'interventions sur le marché du travail. Premièrement, il montre qu'un choc externe permanent à la hausse du taux d'intérêt réel mondial entraîne une hausse immédiate et permanente du taux de chômage naturel de n'importe quel pays au marché mondial des capitaux. Deuxièmement, des interventions diverses sur le marché du travail ont pour effet d'augmenter le taux de chômage naturel, et pas seulement de faire baisser les salaires. Par exemple, le poids de l'impôt sur les salaires par rapport à celui sur les revenus non salariaux (rendement des obligations et actions existantes, services de biens de consommation et droits) a une incidence sur l'emploi. L'impôt sur les salaires pèse de manière disproportionnée sur la « récompense » accordée pour ne pas démissionner, ce qui a pour effet d'augmenter le taux de chômage naturel (puisque toute baisse de la courbe des salaires est inférieure à la baisse de la courbe de la demande). Enfin, le rôle de la richesse et du capital social ou le flux des bénéfices qui en découlent est également considéré. En effet, une personne indépendante économiquement a une forte propension à démissionner, à faire la grève ou à s'absenter de son travail ; la dépendance à l'égard d'un emploi stable ou d'emplois futurs stables est considérablement réduite. L'impact de cette indépendance économique est une hausse de la courbe des salaires d'équilibre, car les employeurs augmentent le salaire en vigueur dans le but d'obtenir de meilleures performances des employés ; et dans la mesure où les employeurs ne rétablissent pas les performances, l'impact est également une baisse de la courbe de la demande de travail (reflétant la réduction de la productivité marginale des employés). L'effet final est donc un gonflement du taux naturel, quel que soit l'effet sur le salaire d'équilibre.

L'analyse en termes de *time varying NAIRU (TV-NAIRU)* s'inscrit dans cette approche théorique du mouvement du taux de chômage naturel[36] (Gordon, 1997).

5.2. Le modèle *Wage Setting/Price Setting* de la NEK

Les théories des contrats implicites, la théorie du salaire d'efficience et la théorie des *insiders/outsiders* expliquent le chômage d'équilibre à travers les rigidités des salaires sur le marché du travail uniquement. A travers les modèles WS/PS fondés sur la concurrence imparfaite, le marché des biens et services est pris en compte. Les modèles WS-PS qui assurent le passage des arguments micro au niveau macro, expliquent le chômage par des rigidités attribuables à la fois aux comportements des agents et aux contraintes institutionnelles imposées par l'État (Layard-Nickel-Jackman, 1991 ; Cahuc et Zylberberg, 1999).

De manière générale, l'imperfection de la concurrence et de l'information sur le marché du travail entraîne une rigidité du salaire réel et explique pourquoi des chômeurs prêts à accepter un salaire inférieur à celui des travailleurs en place, ne parviennent pas à trouver un emploi. Il en résulte un chômage involontaire. Cette rigidité n'est cependant que

[36] Le NAIRU est une variable I(0) tandis que le TV-NAIRU est I(1).

partielle ; les exigences des travailleurs diminuent quand le niveau du chômage augmente ; d'où une relation décroissante entre salaire réel et chômage (équation dite wage-setting (WS)). Par ailleurs, l'hypothèse traditionnelle de productivité marginale du travail décroissante conduit à une demande de travail des entreprises qui décroît avec le salaire réel donc à une relation croissante entre salaire réel et chômage (équation dite price-setting (PS)). Il en résulte un taux de chômage dit *« d'équilibre »* pour lequel les aspirations des salariés et des entreprises sont compatibles. Ce taux de chômage d'équilibre est dû à un salaire réel supérieur à celui de l'équilibre concurrentiel.

Le modèle WS-PS se présente comme une analyse des fondements microéconomiques du taux de chômage naturel de Friedman. A la différence de l'analyse de Keynes qui est fondé sur les rigidités nominales, cette théorie considère les rigidités réelles.

5.3. La recherche d'emploi ou modèles de flux

Les modèles de recherche d'emploi expliquent les phénomènes tels que le chômage frictionnel, le chômage structurel et les délais d'appariement entre offre et demande de travail, en considérant le marché du travail comme un système d'entrées et de sorties (flux). La théorie de recherche d'emploi *(job search)* se situe dans la lignée des travaux de Gary Becker sur le capital humain. Selon la théorie du capital humain, le salarié gère son capital humain de la même façon que l'entreprise gère son capital technique. L'agent économique se livre à un calcul d'optimisation de manière à décider ou pas d'effectuer des investissements en formation et ainsi gagner en productivité et donc en rémunération. A la suite du capital humain, George Stigler (prix Nobel 1982) montre que les coûts de l'information et transactions sont importants dans la recherche d'un emploi.

Ces deux visions ont permis le développement de la théorie du *job search.*

C'est l'hypothèse d'imperfection de l'information qui fonde la théorie du *job search.* L'information étant imparfaite, il peut être avantageux pour un individu de prolonger sa période de chômage afin d'acquérir le maximum d'information sur les postes disponibles. L'individu procède à un calcul coût-avantage lors de sa recherche d'emploi en arbitrant entre, d'une part, le coût (perte de revenus pendant qu'il est au chômage, coûts de l'information, etc.) et, d'autre part, le revenu futur d'un emploi meilleur. Cette théorie dépasse la conception néoclassique de l'homogénéité du travail (différence de qualification) et montre que les individus décident de rester au chômage un certain temps tant que le salaire de marché n'atteint pas leur salaire de réservation (en dessous duquel ils refusent de travailler). Plus le salaire de réservation est élevé, plus la période de chômage est longue (effet de désincitation ou trappe à chômage). De même, plus le salaire de réservation des travailleurs est élevé, plus le salaire que devront fixer les entreprises l'est aussi, ce qui engendre du chômage volontaire. Globalement, l'hétérogénéité des emplois, les mouvements importants d'entrée de nouveau sur le marché de travail, l'indemnisation des chômeurs, sont autant de facteurs expliquant la durée du chômage. Néanmoins, cette théorie souffre de son incapacité à rendre compte d'un chômage involontaire en attribuant exclusivement au comportement des chômeurs, l'origine d'un défaut d'ajustement du salaire à la baisse et d'une passivité des employeurs (L'Horty et Thibault, 1998).

Dans la suite apparait la théorie de l'appariement ou théorie du matching qui intègre les apports de la théorie de la recherche d'emploi (*job search*). Elle cherche des éléments de réponse à la question suivante : pourquoi il existe du chômage alors qu'il y a des postes vacants ? La première approche de l'appariement est liée à la courbe Beveridge, du nom de l'auteur William Beveridge. Cette courbe traduit l'existence d'emplois vacants et de chômeurs à la fois, résultat d'offres et de demandes de travail non satisfaites. Sous l'effet de chocs conjoncturels, la courbe se déplace le long d'elle-même (C à B) et vers la gauche en cas de réforme structurelle qui améliore l'appariement (A à C). Malgré un grand nombre d'emplois vacants, le taux de chômage reste élevé. Cela traduit un problème d'appariement en ce sens que les compétences professionnelles des chômeurs ne correspondent pas aux besoins des entreprises qui recrutent. L'intersection entre la première bissectrice et la courbe représente le taux de chômage d'équilibre de court terme. La courbe de Beveridge manque tout de même de fondements microéconomiques.

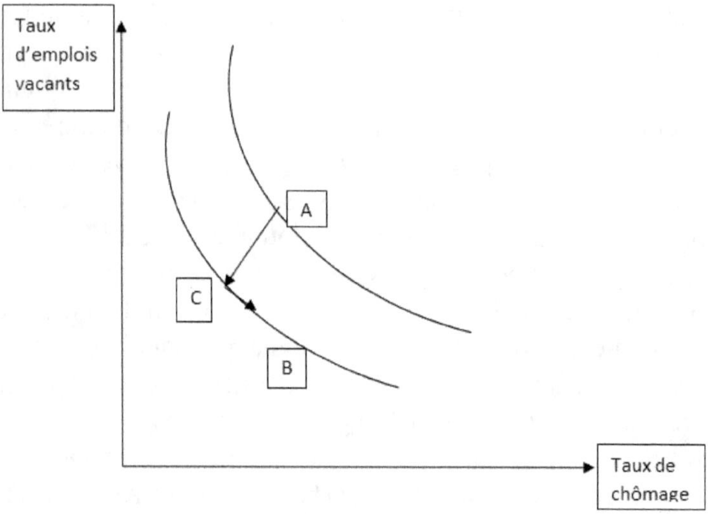

Une seconde approche d'appariement a été introduite par Diamond, Mortensen et Pissarides (DMP), récipiendaires du Nobel 2010, qui incorporent de frictions de recherche dans des modèles simples du marché du travail à travers une fonction d'appariement ou matching (Diamond, 1982 ; Mortensen, 1970 ; Pissarides, 1976). La principale innovation de la théorie de la recherche est la modélisation du processus de recherche d'emploi comme une technologie de recherche à deux inputs : le temps de recherche d'un chômeur et le temps de recherche d'une entreprise pour pourvoir un poste vacant. Cette théorie soutient que le chômage persiste du fait de trois imperfections (frictions) du marché du travail: (i) les longs délais de rencontre entre l'offre et la demande de travail liés aux rigidités; (ii) imparfaite information sur les emplois vacants et (iii) les coûts de transaction et prospection (en termes de temps) de recherche d'emploi. Ces frictions font que le prix (salaire) ne peut plus jouer son rôle de variable d'ajustement pour égaliser l'offre et la demande d'emploi, d'où le chômage frictionnel involontaire. Il s'agit d'une théorie explicative du chômage structurel lié à l'inadéquation entre les caractéristiques des offreurs de travail et celles des postes à pourvoir. Cette analyse dynamique conduit à envisager le chômage comme le résultat de la différence entre les flux d'entrée et de sortie de l'emploi. La persistance du chômage est quant à elle justifiée par des déséquilibres ou des échecs d'appariement. C'est dans ce contexte que l'assurance chômage prend tout son sens.

6. Les explications hétérodoxes du chômage

Face aux insuffisances des théories orthodoxes dans l'explication du fonctionnement du marché du travail et du chômage, des explications alternatives continuent d'émerger en se fondant sur d'autres hypothèses. Essentiellement, la théorie de la segmentation du marché du travail, la théorie des syndicats et la théorie du déversement/compensation feront l'objet de brève présentation.

Dans la théorie de la segmentation du travail, Doeringer et Piore (1971) critiquent les analyses néo-classiques qui ne rendent pas compte selon eux du fonctionnement des marchés internes. Le dualisme coexiste ainsi un segment primaire (marché interne), au sein duquel les salaires sont élevés et la sécurité d'emploi très grande, et un segment secondaire, présentant les caractéristiques inverses. Ces secteurs sont relativement étanches, certains travailleurs se trouvant confinés au secteur secondaire, sans parvenir à obtenir un emploi dans le secteur primaire : ces emplois attractifs sont en effet rationnés. Un tel dualisme peut s'expliquer par les différences en capital humain incorporé dans les individus, mais aussi des modes de gestion de la main d'œuvre. Globalement, selon Doeringer et Piore (1971), il existe un marché « externe » du travail (concurrentiel) et des marchés « internes » dans les grandes entreprises. Sur les marchés « internes », la rémunération et l'affectation du travail sont déterminées par un ensemble de règles et de procédures administratives. Ces employés ont des perspectives de carrière et sont mieux rémunérés. En revanche, sur le marché externe, les lois de la concurrence l'emportent, ce qui place les travailleurs dans les conditions bien moins avantageuses. La segmentation engendre alors des rigidités qui empêchent les travailleurs de passer facilement d'un segment à l'autre, ce qui justifierait pourquoi certains individus restent au chômage même en présence d'emplois vacants.

Tout comme la théorie de la segmentation, la théorie des syndicats s'appuie sur les institutionnalistes américains comme Ross et Dunlop. Le syndicalisme n'est véritablement reconnu comme relevant de l'analyse économique que par le courant hétérodoxe. McDonald et Solow (1981) puis Nickell (1982), sont considérés comme les premiers à formaliser la négociation salariale d'entreprise qui a ouvert la voie à une théorie du syndicat. La pensée économique orthodoxe considère le syndicat comme un monopole ou un cartel de maximisation de la rente associée à l'offre de travail. Cependant, pour Dunlop (1944), le syndicat est considéré comme un agent économique ayant une fonction objectif et maximisant son salaire. Quant à Ross (1948), le syndicat n'est pas une entreprise commerciale (comme l'entreprise néoclassique) qui vend de la main-d'œuvre. C'est une institution politique qui représente les vendeurs de main-d'œuvre. Pour lui, le syndicat est considéré comme une institution politique dont le rôle est de maximiser la masse salariale. Le pouvoir de négociation du syndicat découle du fait que les membres ont des préférences identiques. Les syndicats sont des institutions politiques ; le contenu de leurs décisions est influencé par les rapports de force entre membres, d'une part, et membres et dirigeants, d'autre part. Ces analyses soulignent l'importance des relations collectives et de la solidarité entre travailleurs plutôt que l'individualisme économique. Les rigidités salariales et des négociations collectives font que le salaire négocié peut être supérieur au salaire d'équilibre du marché du travail, provoquant ainsi un chômage.

Enfin, avec Alfred Sauvy (1980) s'est développée la théorie du déversement/compensation. Cette théorie indique qu'une augmentation de la productivité dans un secteur peut se traduire par une réduction de l'emploi dans ce segment. Cependant, les gains de richesses, qu'ils aillent à l'actionnaire, aux salariés (hausses salariales) ou aux consommateurs (baisse des prix), renforcent la consommation et/ou l'investissement et, *in fine*, l'emploi dans d'autres activités économiques dont celles de production des nouveaux biens et services de consommation ou d'investissement issus des nouvelles technologies.

Les théories présentées qu'elles soient de la pensée dominante ou hétérodoxe, rendent compte des causes du chômage et des dynamiques du marché de travail. Il existe plusieurs types de chômage (volontaire, involontaire, conjoncturel, structurel ou frictionnel) selon la théorie considérée et les politiques économiques doivent s'adapter aux causes spécifiques pour lutter efficacement contre le phénomène comme l'indique le tableau 2.2. ci-après.

Tableau 2.2. Les théories et politiques de réduction du chômage

Théories/écoles	Politiques envisageables
Classiques, néoclassiques et NEC	Le chômage étant considéré comme un déséquilibre momentané, il s'agit de réduire les distorsions en rendant flexible le marché du travail par les incitations fiscales, l'assouplissement du droit de travail, la limitation du pouvoir des syndicats et la réduction du salaire minimum, etc. L'intervention de l'Etat doit être limitée : moins d'emplois publics et réduction des subventions à l'embauche.
Keynes, postkeynésiens et NEK	Relance de la demande par une politique budgétaire (dépenses publiques et réduction des impôts) et monétaire (baisse des taux d'intérêt). Les post-keynésiens recommandent une réduction du temps de travail et un programme d'emploi garanti (*Job guarantee*) de l'Etat pour embaucher dans les secteurs où le privé est défaillant

	(culture, environnement, services sociaux, etc.) Pour les NEK, il faut réduire les rigidités du marché du travail par des contrats de travail flexibles. Le *policy mix* est également recommandé En cas d'hystérèse, un coaching personnalisé, des subventions à l'embauche et la promotion des stages sont nécessaires.
Segmentation	Réduire le chômage structurel par la formation continue aux nouvelles compétences et l'insertion professionnelle des marginalisés, etc.
Appariement/Matching	Réduire les frictions sur le marché du travail par la formation, la création d'agences de placement et les incitations à la mobilité des chercheurs d'emploi

Source : Auteur, à travers une revue

Chapitre III

Les théories de l'inflation

L'inflation est l'une des grandes questions récurrentes de la théorie économique et demeure un sujet d'actualité et préoccupant pour la plupart des pays du monde. Il est évidemment audacieux de faire une revue exhaustive des débats théoriques sur l'inflation compte tenu de la foultitude d'articles et de livres sur les fondements économiques mais aussi sociologiques[37]. C'est pourquoi ce chapitre se concentre plus sur les grands débats économiques sur le phénomène depuis les Classiques. L'objectif est d'offrir un cadre cohérent et structuré des analyses théoriques sur les causes de l'inflation.

A l'image des thèmes précédents, le débat théorique sur l'inflation remonte aux Classiques qui expliquent l'inflation à travers la théorie quantitative de la monnaie où l'inflation est déterminée par l'offre de monnaie exogène. Cependant, Keynes et les modèles d'inspiration keynésienne appréhendent l'inflation par l'excès de la demande globale (*demand pull*) ou dans un secteur de l'économie (inflation sectorielle ou intersectorielle). Se démarquant de son origine monétaire, une autre tendance théorique l'explique par un déficit d'offre (*Cost-pull*). L'inflation serait liée à la pression salariale (*wage-push* inflation) des syndicats et dans une certaine mesure à l'administration des prix par des entreprises oligopolistiques mus par l'objectif de maximisation de profit (*profit push* inflation).

La distinction *demand pull* et *cost pull* a été abandonnée au profit des causes monétaires à nouveau, avec

---

[37] Le lecteur peut se référer à l'article de Greffe (1978) sur la théorie sociologique de l'inflation.

le monétarisme Friedmanien. Ce néoquantitavisme surgit comme une réponse au phénomène de la stagflation qui a remis en cause le consensus keynésien fondé sur la courbe de Phillips. Cette réponse Fredmanienne à travers la courbe de Phillips qu'il augmente des anticipations adaptatives, ne règle pas pour autant toute la problématique car comme l'indique Miskin (1984), il est important de savoir pourquoi une politique monétaire inflationniste apparait. La question de l'inflation structurelle devient également un sujet de débat avec la théorie de l'inflation structurelle et l'inflation inertielle. Il faut donc rechercher les causes de l'inflation dans les changements de la structure économique mais aussi dans les conflits de répartitions des profits. Les postkeynésiens adhèrent à cette dernière thèse en considérant que l'inflation est l'expression monétaire des conflits de répartition (conflit inflationniste)

La thèse monétariste va gagner à nouveau en influence avec l'introduction des anticipations rationnelles par les nouveaux économistes classiques. Ils remettent alors en cause définitivement la courbe de Phillips qui selon eux, est sans fondement microéconomique. Cette fois-ci c'est dans l'interaction entre politique monétaire et budgétaire qu'il faut rechercher les causes de l'inflation à travers le paradoxe de l'arithmétique monétariste déplaisante de Sargent et Wallace (1981). De fait, l'autorité monétaire d'une économie ne peut pas, par ses propres choix de création de monnaie de base, empêcher l'inflation si une autorité budgétaire irresponsable s'engage sur une ligne de conduite qui implique des déficits continus. Cette thèse se renforce avec la théorie budgétaire de l'inflation et la théorie budgétaire du niveau des prix.

Prenant à leur compte la critique de la NEC sur l'absence de fondements microéconomiques de leurs analyses, les NEK vont adopter l'hypothèse d'anticipations rationnelles pour bâtir la nouvelle courbe de Phillips keynésienne (NKPC). L'inflation devient alors un phénomène tourné vers le futur (*forward-looking*) et directement associé aux comportements optimisateurs des agents économiques. Elle dépend des taux de marge actuels et futurs anticipés. A partir de là émerge un « consensus » entre les NEK et les NEC, qualifié de nouvelle synthèse néoclassique.

Les analyses théoriques sur l'inflation ont été menées jusqu'ici essentiellement en économie fermée. Cependant, dans les années 1960, l'augmentation simultanée de l'inflation dans beaucoup de pays a introduit l'intérêt sur sa dimension internationale à travers les considérations relatives à la balance des paiements et à la nature du régime de change. Dans ce cadre, Frisch (1977) identifie plusieurs mécanismes de transmission internationale de l'inflation en changes fixes. De même, la théorie quantitative internationale qui est une combinaison de la théorie quantitative et de l'approche monétaire de la balance des paiements, explique l'inflation mondiale par la masse monétaire mondiale.

Ce chapitre est structuré autour de 9 sections. La première présente la théorie quantitative de la monnaie chez les Classiques et la deuxième section traite de l'inflation par la demande chez les Keynésiens. La théorie monétaire de l'inflation est l'objet de la troisième section et la prise en compte des comportements d'anticipations rationnelles dans la quatrième. La cinquième présente les analyses de la nouvelle école keynésienne puis la nouvelle synthèse dans la sixième. Après ces sections qui s'inscrivent dans l'explication de l'inflation par la demande, les sections qui suivent concernent le coté offre. Ainsi, la septième section traite de l'inflation expliquée par les coûts ou les offreurs. La huitième aborde l'inflation par les coûts dans les théories structuralistes et la dernière conclut sur l'inflation en économie ouverte (importation des coûts).

1. L'inflation par la demande liée à une création monétaire excessive

Chez les Classiques, l'inflation provient d'un choc de demande lié à une création monétaire excessive (cf encadré 3.1). Ce point de vue est traduit à travers la théorie quantitative de la monnaie de Jean Bodin qui stipule que les variations du niveau général des prix sont principalement déterminées par les variations de la quantité de monnaie en circulation. Bodin considérait que la hausse généralisée des prix dans l'Europe du 16ème siècle était lié à l'afflux massif de métaux précieux venus des Amériques. Dans le même sens, Ricardo affirmait que l'inflation en Grande-Bretagne était uniquement due à l'émission excessive et irresponsable de monnaie par la Banque d'Angleterre. Ces deux s'inscrivent dans la logique classique de la dichotomisation de l'économie en deux secteurs : le **secteur réel** où se détermine le niveau de la production réelle au plein-emploi et le **secteur monétaire** où se mène la simple transformation des prix relatifs en des prix monétaires ou absolus. Il s'en suit que l'inflation est déterminée par les conditions de l'offre de monnaie exogène.

Avec Fisher dans son ouvrage *Le Pouvoir d'Achat de la monnaie*, l'analyse prend une forme mathématique à travers l'équation bien connue : $MV = PT$

M est la masse monétaire, V la vitesse de circulation de la monnaie, P le niveau général des prix et T le volume réel des transactions. Cette équation stipule que la valeur de toutes les ventes de biens doit nécessairement être égale à la valeur de tous les achats. En supposant V et T stables, une croissance de M entraîne une hausse proportionnelle du niveau des prix P.

Encadré 3.1. Inflation monétaire

L'offre agrégée est considérée comme exogène et une donnée : $AS = T$. Quant à la demande agrégée, elle est donnée par : $AD = MV/P$. Comme à l'équilibre $AS = AD$, alors l'équation du prix est donnée par P= $(\bar{V}/\bar{T})/M$ où V et T sont considérés comme constants à court terme selon les Classiques. Par conséquent, le niveau général des prix est uniquement une fonction croissante de la masse monétaire.

2. L'inflation, un phénomène expliqué par un choc de demande globale ou sectorielle (*Demand pull*)

Dans son ouvrage *Comment financer la guerre* (1940), Keynes explique la source de l'inflation à travers l'écart inflationniste (gap inflationniste) qui découle d'une situation de sous-emploi dans l'économie. Dans ce cas, la demande globale dépasse la capacité productive de l'économie. Cette situation peut provenir d'une pression démographique forte lorsqu'une génération importante, comme les *baby-boomers*, entre dans l'âge adulte, cela provoque une augmentation massive de la demande. En réponse à cette demande excédentaire, les entreprises ne pouvant pas satisfaire la demande immédiatement, augmentent les prix. Le gap inflationniste crée une inflation par la demande globale. L'inflation peut provenir aussi d'un choc de demande sectorielle.

2.1. L'inflation par la demande globale

L'analyse keynésienne attribue l'origine de l'inflation à la demande globale (consommation, investissement et dépenses publiques). En effet, lorsque la valeur de la demande globale dépasse celle de l'offre globale au niveau du plein emploi, l'inflation apparait et devient plus rapide quand l'écart (gap) s'agrandi. Par ailleurs, le sous-emploi suscite une augmentation de la masse monétaire qui conduira finalement à une augmentation de la demande globale, de la production et de l'emploi. Lorsque la demande globale, la production et l'emploi augmentent davantage, cela a un impact sur les prix. De même, si la masse monétaire augmente au-delà du plein emploi, la production cesse d'augmenter. L'excès d'offre de monnaie entraîne un excès de demande par rapport à l'offre et conduit à un écart inflationniste qui est la véritable source de l'inflation selon Keynes. Dès lors, toute politique qui provoque une diminution de chaque composante de la demande globale est efficace pour réduire la demande et les pressions inflationnistes.

La théorie keynésienne est largement limitée à l'examen de l'excès de demande sur le marché des biens. Hansen (1951) procède à une désagrégation en considérant séparément le marché des services productifs et celui des biens. L'excès de demande de biens ou "déficit de biens" doit être mesuré séparément du "déficit de facteurs" qui concerne principalement le travail. Selon Hansen, pour qu'il y ait inflation complète, il faut qu'il y ait à la fois un déficit de biens et de facteurs, chacun impliquant une demande excédentaire positive.

Les Keynésiens expliquent également l'inflation à travers la courbe de Philipps qui traduit une relation négative entre inflation et chômage (cf. encadré 3.2). Les chocs de demande (monétaire, fiscal et investissement), augmentent l'inflation en accroissant ou en diminuant le chômage au-dessus ou en dessous de son taux naturel. L'arbitrage existe seulement en cas de chocs de demande (et non d'offre) et à court terme.

Encadré 3.2. Inflation dans la relation de Phillips

La courbe de Phillips est donnée comme suit :

$\pi = \alpha - \beta u$ avec π l'inflation, u le taux de chômage, α et β des paramètres constants.

Cette relation traduit le fait qu'une baisse du chômage est associée à une hausse de l'inflation et vice versa.

2.2. L'inflation par la demande sectorielle/ intersectorielle

La théorie de l'inflation sectorielle de Schultze (1959) indique que les effets de l'excès de demande dans des secteurs particuliers sont transmis au reste de l'économie à travers l'influence sur les prix et les salaires. Les prix des matières premières sont assez sensibles aux variations de la demande car ils augmentent de manière significative si leur part dans la demande globale est excessive. Par ailleurs, les salaires vont également augmenter dans les secteurs où la demande est excédentaire et les salaires dans les autres secteurs vont suivre cette tendance à la hausse. Même si la demande de travail n'est pas excessive, les industries n'acceptent pas entre eux un différentiel de salaire très élevé non pas parce qu'elles craignent la désertion massive de leur main-d'œuvre, mais parce qu'elles ne souhaitent pas subir les inefficacités d'une baisse de productivité résultant d'un mécontentement face à des écarts de plus en plus importants de salaires. La hausse des salaires dans les secteurs où la demande est excédentaire se propage donc à l'ensemble de l'économie et accentue la hausse des prix. Cette théorie est encore appelée théorie de l'inflation par déplacement de la demande (*demand-shift inflation theory*) qui est vue comme une combinaison de *demand pull* et *cost pull* dans l'explication de l'inflation.

En résumé, lorsqu'un déséquilibre entre offre et demande apparait dans un secteur ou un nombre limité de secteurs, il y a inflation par la demande sectorielle. Elle est la plus courante mais le risque de transmission aux autres secteurs de l'économie est relativement lent et peut même être atténué par l'importation des produits faisant l'objet de forte demande.

3. La théorie monétaire de l'inflation ou le néoquantitativisme

Les monétaristes, pour qui seule la monnaie compte, ont prolongé les analyses de la théorie quantitative de la monnaie sous le leadership de Friedman à travers sa *théorie de la demande de monnaie en 1956*. La célèbre citation de Friedman à propos, introduit toute la pensée de ce courant sur l'origine de l'inflation : « *l'inflation est toujours et partout un phénomène monétaire et résulte d'une expansion plus rapide de la quantité de monnaie que de la production totale* » (Friedman, 1970). Ils s'opposent au point de vue des Classiques selon lequel il existe une relation proportionnelle entre la masse monétaire et le niveau des prix.

Dans son ouvrage *Inflation et systèmes monétaires* (1968), Friedman montre qu'à long terme une croissance de la masse monétaire supérieure à la croissance économique réelle se traduit uniquement par une inflation, même si à court terme la monnaie peut avoir un effet transitoire sur l'économie réelle. Aussi, l'inflation est considérée comme un processus de hausse continue des prix ou, de manière équivalente, de baisse continue de la valeur de la monnaie. Cependant, comme Miskin (1984) l'indique, même s'il se dégage un minimum de consensus avec Friedman sur la conclusion que l'inflation est un phénomène monétaire, cela ne règle pas la question des causes de l'inflation, car il est également nécessaire de comprendre pourquoi une politique monétaire inflationniste apparait. La raison est que les décideurs, en poursuivant d'autres objectifs comme un taux d'emploi élevé et le désir d'avoir des dépenses publiques élevées (déficits publics) avec des impôts faibles, se retrouvent avec un taux de croissance monétaire élevé et donc un taux d'inflation plus élevé. Ces deux objectifs peuvent ainsi conduire à une politique monétaire inflationniste. La façon dont le gouvernement finance le déficit a évidemment une conséquence en termes d'inflation. Par exemple, si le déficit est financé par création monétaire, cela produit forcément des pressions inflationnistes. Si ce déficit est financé par endettement auprès du public, cela pourrait aussi avoir des tensions inflationnistes et dans ce dernier cas, l'accroissement du taux d'intérêt est associé à un effet d'éviction (*crowding out*).

Les monétaristes fondent leurs analyses sur la théorie quantitative de la monnaie et la courbe de Phillips augmentée des anticipations (cf encadré 3.3). L'introduction de la courbe de Phillips augmentée des anticipations a remis en cause l'explication de l'inflation par l'arbitrage entre inflation et chômage à long terme. Autrement dit, si le gouvernement décide de réduire le niveau de chômage, la demande a tendance à augmenter. Cette augmentation de la demande de biens et de services entraînera de l'inflation, ce qui annulera toute augmentation de l'emploi. Ainsi, toute tentative de réduire l'inflation en dessous de son niveau correspondant au taux de chômage naturel sera simplement inflationniste.

Encadré 3.3. L'inflation dans la courbe de Philipps augmentée des anticipations adaptatives

Pour les monétaristes, la formation des anticipations d'inflation est rétrospective (*backward-looking*), ou adaptatif, dans le sens où les agents économiques ne disposent pas de toutes les informations lors de la formation des anticipations de prix : $\pi_t^a = \gamma\pi_{t-1} + (1-\gamma)\pi_{t-1}^a$

La courbe de Phillips augmentée est donnée comme suit : $\pi_t = \pi_t^a + \beta(u_n - u_t)$

Où u_n, le taux de chômage naturel, π_t^a l'inflation anticipée à la date t, u_t le taux de chômage à la date t.

En situation de chômage faible, les entreprises, en raison de la concurrence pour l'embauche, sont incitées à augmenter les salaires. Cette augmentation de salaires peut être répercutées sur les prix, entraînant une inflation.

Dans la radicalisation de la thèse Friedmanienne, les nouveaux économistes classiques vont préférer les anticipations rationnelles aux anticipations adaptatives. L'inflation devient alors le résultat de comportements rationnels des agents.

4. L'inflation accentuée par les comportements d'anticipations rationnelles

La nouvelle école classique a gagné en influence après les années 1970 en raison des effets inflationnistes de la guerre du Vietnam et de la stagflation consécutive au choc pétrolier de 1973-1974. Sous l'impulsion de Lucas (1972), McCallum (1980), Hansen et Sargent (1980) et

Sargent et wallace (1981), cette école a introduit les anticipations rationnelles qui ont révolutionné également les analyses en matière d'inflation. Se fondant sur l'hypothèse de la perfection de l'information et de la rationalité, ces nouveaux Classiques considèrent que les agents forment leurs anticipations d'inflation avec les informations d'inflation passées (comme dans le cas d'anticipations adaptatives) et présentes. Ils en déduisent que l'autorité monétaire ne parvient à son objectif de contrôle de l'inflation que si elle agit par surprise car le taux d'inflation anticipé par les agents est un prédicteur non biaisé du taux d'inflation réel, compte tenu de toutes les informations qu'ils disposent avant la prédiction.

Sargent et Wallace (1981) introduisent le paradoxe de *l'arithmétique monétariste déplaisante* pour attirer l'attention sur le fait dans un régime budgétaire dominant[38], une politique monétaire restrictive se solde par une augmentation de l'inflation dans le futur. En effet, l'autorité budgétaire fixe une trajectoire exogène pour les déficits primaires réels, ceux-ci doivent être financés soit par création monétaire soit par endettement. Dans cet environnement, le resserrement des conditions monétaires actuelles suppose que les déficits soient financés par endettement, ce qui accroit la charge de la dette. Comme le gouvernement doit finir par rembourser ses dettes, il doit à un moment donné augmenter la masse monétaire pour financer non seulement les déficits primaires, mais également la dette et les intérêts accumulés, ce qui entraîne une inflation plus élevée que s'il n'avait pas resserré les conditions monétaires. Il ressort clairement de cette analyse que l'autorité monétaire d'une économie ne peut pas, par ses propres choix de création de monnaie de base, empêcher l'inflation si une autorité budgétaire « irresponsable »

[38] Dans un régime budgétaire dominant, le gouvernement fixe son budget indépendamment de l'autorité monétaire.

s'engage sur une ligne de conduite qui implique des déficits continus. La contrainte budgétaire est alors essentielle pour comprendre l'évolution de l'inflation dans le temps.

Cette analyse des interactions entre politique monétaire et budgétaire dans l'explication de l'inflation a donné également lieu à la théorie budgétaire de l'inflation (Weil, 1987, Drazen et Helpman, 1988, 1990) et à la théorie budgétaire du niveau des prix dans les années 1990 (Leeper, 1991 ; Sims, 1994; Woodford, 1995). Dans la théorie budgétaire de l'inflation, l'inflation provient des interactions entre la politique monétaire et budgétaire. Pour une politique budgétaire donnée, une politique monétaire restrictive ne peut entraîner une baisse du taux d'inflation à court terme qu'aux dépens de taux de croissance plus élevés de la monnaie de base et de l'inflation future. De plus, si le comportement des agents économiques est rationnel et prospectif, une telle politique monétaire menée aujourd'hui peut entraîner une forte inflation aussi bien à court terme qu'à long terme. Il est supposé que la Banque Centrale considère le déficit budgétaire comme une donnée et doit fournir au gouvernement un volume de seigneuriage suffisant pour couvrir le déficit. De même, le taux d'intérêt sur la dette publique est supérieur au taux de croissance de la production dans l'économie par hypothèse.

La théorie budgétaire du niveau des prix quant à elle explique l'inflation dans un contexte de régime budgétaire dominant (Sims, 1994 ; Woodford, 1995). Dans l'approche conventionnelle ou en régime ricardien [39] ou régime monétaire dominant, l'inflation est déterminée suivant la théorie quantitative de la monnaie et l'excédent primaire s'ajusterait de manière endogène pour satisfaire la contrainte budgétaire (l'autorité budgétaire ajuste).

[39]Un régime ricardien est une situation où toute hausse du déficit à un instant donné est accompagnée d'une planification d'une hausse ultérieure des impôts.

Cependant, la théorie budgétaire du niveau des prix stipule que le gouvernement peut fixer de manière exogène ses plans de dépenses et de recettes réelles, et que le niveau des prix prendra la valeur requise pour ajuster la valeur réelle de ses obligations contractuelles de la dette nominale afin d'assurer la solvabilité du gouvernement. Dans les économies où l'équivalence ricardienne n'existe pas (non ricardien ou régime fiscal dominant), la prédominance des politiques fiscales fait que le niveau des prix est déterminé par la contrainte budgétaire intertemporelle. Ainsi, l'autorité budgétaire n'agit pas en accord avec la contrainte, et c'est alors le niveau des prix qui assure l'équilibre (les prix ajustent).

Tout en considérant l'interaction entre la politique monétaire et budgétaire, cette théorie admet le rôle prépondérant de la politique budgétaire dans la détermination des prix. C'est pourquoi elle substitue à la théorie de la quantité de monnaie une théorie de la quantité de la dette publique (Woodford, 1995). L'inflation est donc un phénomène budgétaire que monétaire. Une implication importante de cette théorie est que la solvabilité du gouvernement est la condition suffisante de la stabilité des prix. Cependant, Creel et Sterdyniack (2001) reprochent à cette théorie le manque de soubassement empirique et reste purement « scolastique ».

Par ailleurs, les nouveaux Classiques prolongent l'analyse de la courbe de Phillips augmentée des anticipations de Friedman et Phelps, en montrant que l'inflation ne peut plus être expliquée par l'arbitrage ni à court terme ni à long terme (Lucas, 1973). Ils remplacent les anticipations adaptatives par les anticipations rationnelles et l'inflation π serait fonction de l'inflation anticipée π^e et de l'output gap y. Selon l'hypothèse des anticipations rationnelles, les agents économiques ne peuvent pas systématiquement se tromper lorsqu'ils formulent leurs anticipations de sorte que l'écart de π par rapport à π^e a une espérance nulle. La seconde génération de nouveaux économistes classiques portée par la théorie des cycles réels (Kindland et Prescott, 1982 ; Long et Plosser, 1983), admet aussi la rationalité des anticipations et suppose que les fluctuations de l'activité économique sont dues à des chocs réels (ou d'offre globale) plutôt qu'à des chocs monétaires (ou de demande globale). Malgré le fait que ces théoriciens ne tentent pas explicitement d'expliquer les variations du niveau des prix ou l'inflation, ils permettent néanmoins de comprendre le rôle important des chocs d'offre dans l'explication de l'inflation. De même, elle implique que des progrès technologiques persistants puissent contribuer de manière significative au processus de désinflation dans un environnement inflationniste.

Bien que l'hypothèse des anticipations rationnelles soit largement acceptée, l'implication quant à l'inefficacité de la politique monétaire n'est vraie que si l'on suppose que les prix et les salaires sont flexibles. Cependant, dans le cas où les prix et les salaires sont rigides, l'inefficacité de la politique monétaire ne peut pas être prouvée. C'est ce qui va constituer l'un des arguments de l'analyse des nouveaux économistes keynésiens.

5. L'inflation microfondée dans la nouvelle école keynésienne

La nouvelle théorie keynésienne[40] de l'inflation est bâtie sur la nouvelle courbe de Phillips keynésienne

[40]De façon générale, ceux qui y ont contribué significativement à la NEK sont: Michael Parkin, George Akerlof, Janet Yellen, Gregory Mankiw, Lawrence Summers, Olivier Blanchard, Stanley Fischer, Bruce Greenwald, Edmund Phelps, Joseph Stiglitz, Ben Bernanke,

(NKPC) qui est une réponse à la critique des nouveaux Classiques sur l'absence de fondements microéconomiques des modèles macroéconomiques. Il s'agit d'un modèle à prix rigides et microfondé sur les anticipations rationnelles. Les nouveaux économistes keynésiens considèrent que l'inflation π_t est expliquée par l'écart de production δy_t(ou le coût marginal réel) et les anticipations d'inflation $\theta E_t \pi_{t+1}$. En effet, lorsqu'une entreprise fixe son prix, elle doit se préoccuper de l'inflation à venir car elle peut être dans l'incapacité d'ajuster son prix pendant plusieurs périodes.

La NKPC est fondée sur trois principales hypothèses :

i) les entreprises sont en concurrence monopolistique et sont donc des *price makers ;*

ii) les prix sont rigides. Les entreprises ne peuvent ajuster le prix au prix désiré à toutes les dates du fait des coûts d'ajustements. En effet, pour modifier ses prix, une entreprise peut être amenée à envoyer un nouveau catalogue à ses clients, à distribuer de nouvelles listes de prix à son personnel de vente ou, dans le cas d'un restaurant, à imprimer de nouveaux menus. Ces coûts d'ajustement des prix, appelés "coûts de menu", amènent les entreprises à ajuster leurs prix de manière intermittente plutôt que continue ;

iii) enfin, les entreprises fondent leurs décisions sur des anticipations rationnelles.

Laurence Ball, David Romer, Christina Romer, Robert Hall et John Taylor, Dennis Snower, Assar Lindbeck, Christopher Carroll, Ricardo Reis, Alan Blinder et Guillermo Calvo. On retrouve aussi l'acronyme PAYM pour désigner les principaux contributeurs : Parkin, Akerlof, Yellen et Mankiw.

En considérant que les entreprises supportent des coûts lorsqu'elles modifient leurs prix, un coût physique, ou un coût lié à la collecte d'information, ou encore à la communication avec leur clientèle, alors, les prix sont fixés soit contractuellement pour une durée déterminée (Taylor, 1980), soit pour une durée aléatoire (Calvo, 1983), soit pour une durée aléatoire et anticipations adaptatives (Gali et Gertler, 1999) et encore ils sont prédéterminés pour une durée aléatoire (Mankiw et Reis, 2002). Le modèle de Calvo (1983), plus populaire, considère que chaque entreprise maintient son prix fixe jusqu'à ce qu'elle reçoive un signal aléatoire lui indiquant qu'elle peut modifier son prix. Les changements de prix sont donc "échelonnés" et, lorsqu'elle fixe ses prix, l'entreprise tient compte des prix que les autres entreprises pratiqueront jusqu'à ce qu'elle ait la possibilité de les modifier à nouveau. Et comme les prix des autres entreprises ont été fixés dans le passé, l'entreprise tient compte des prix antérieurs pour fixer les prix actuels.

La prise en compte des anticipations rationnelles conduit à considérer l'inflation comme un phénomène tourné vers le futur (*forward-looking*)[41] et directement associé aux comportements optimisateurs des agents économiques. Les entreprises établissent leurs prix en fonction de l'évolution attendue de la demande et des coûts des facteurs de production.

Dans la suite, d'autres comme Galí et Gertler (1999) définissent un modèle hybride dans lequel l'inflation est aussi expliquée par son passé $(1-\theta)\pi_{t-1}$. Ils étendent le

[41]La NKPC est tournée vers le futur tandis que la courbe de Phillips augmentée des anticipations (adaptatives) était tournée vers le passé (*backward-looking*) où l'inflation dépend du taux d'inflation anticipé et de l'écart entre le chômage effectif et le chômage d'équilibre.

modèle de base de Calvo (1983) afin de prendre en compte un sous-ensemble d'entreprises qui utilisent une règle rétrospective pour fixer les prix. Aussi, on considère que la fraction des entreprises incapables de réoptimiser leurs prix dans le modèle de Calvo indexent plutôt leurs prix sur l'inflation passée. Enfin, la prise en compte de l'inflation décalée est liée au fait qu'elle est corrélée avec l'anticipation rationnelle du taux d'inflation de la période suivante. La Nouvelle courbe de Philips Keynésienne constitue un élément central de la nouvelle synthèse néoclassique que certains qualifient de nouveau consensus.

6. L'inflation dans la nouvelle synthèse néoclassique

La nouvelle synthèse néoclassique (nouveau consensus) a été impulsée par Samuelson au début des années 1990 dans un contexte où la NEC et la NEK s'opposent face à l'efficacité des politiques économiques. En effet, avec la NEC, les prix sont flexibles et la politique monétaire n'est d'aucune efficacité (voir la proposition d'invariance de Sargent et Wallace et l'équivalence ricardienne de Barro) tandis que pour la NEK, les prix visqueux (voire rigides), et la politique monétaire est centrale dans l'évolution de l'activité économique. Pour les décideurs politiques, cette contradiction rend difficile la prise de décision. C'est tout l'intérêt de la nouvelle synthèse néoclassique qui intègre à la fois certaines hypothèses des NEC (première et seconde génération) et celles des NEK. Selon Goodfriend et King (1997), cette nouvelle synthèse a les caractéristiques suivantes :

- l'application systématique du comportement d'optimisation intertemporelle des entreprises et des ménages, et des anticipations rationnelles (NEC).

Les anticipations sont essentielles au processus d'inflation, mais la NS considère qu'elles peuvent être gérées par une règle de politique monétaire ;

- le rôle prépondérant des chocs d'offres dans l'explication de l'activité économique (cycles réels) ;
- l'incorporation de la concurrence imparfaite et des ajustements de prix coûteux à court terme dans la macroéconomie dynamique (NEK).

Sur la base de ces hypothèses, le modèle de la NNS est un modèle d'équilibre général dynamique et stochastique (DSGE) avec concurrence monopolistique, imperfections nominales et règle de politique monétaire. D'un point de vue analytique, le modèle NNS peut être représenté par trois équations: l'équation IS augmentée des anticipations, la nouvelle courbe de Phillips keynésienne et une règle de politique monétaire (cf. encadré 3.4). L'équation IS augmentée des anticipations représente la demande globale. Quant à l'offre globale, elle est définie à travers la nouvelle courbe de Phillips keynésienne. Revenant à la question de l'inflation, cette courbe montre que l'inflation dépend des taux de marge actuels et futurs anticipés. Lorsque les entreprises anticipent une hausse des marges futures (du fait d'une baisse de la concurrence, par exemple), elles augmentent leurs prix présents, ce qui se traduit par une hausse de l'inflation actuelle. Enfin, l'équation de la règle de politique monétaire qui traduit, contrairement à la NEC, la pertinence du recours à une règle de politique monétaire pour la stabilité de l'inflation. Goodfriend et King (1997) précisent qu'en considérant un modèle NNS, le ciblage d'un taux d'inflation proche de zéro est possible. C'est là où justement les débats sur la crédibilité de la Banque Centrale et de son indépendance prennent tout leur sens.

Le modèle traditionnel AD-AS a été remplacé par IS-LM-PC de la NNS qui modélise explicitement l'inflation à travers la courbe PC et qui considère le niveau des prix parfaitement endogène car déterminé par les anticipations des agents et les écarts de production.

Encadré 3.4. Modèle de la nouvelle synthèse

Equation de IS augmentée : $y_t = E_t y_{t+1} - \sigma(i_t - E_t \pi_{t+1} - r_t^n)$

y est l'output gap, c'est-à-dire l'écart en pourcentage entre la production réelle et son niveau "naturel (potentiel) σ est l'élasticité intertemporelle de substitution de la consommation, i le taux d'intérêt nominal, π l'inflation, r^nle taux d'intérêt naturel et E_t l'opérateur d'anticipations (rationnelles) au temps t.

Nouvelle courbe de Phillips : $\pi_t = \delta y_t + \theta E_t \pi_{t+1} + \mu_t$

L'inflation est fonction de l'output gap y, de l'inflation anticipée $E_t \pi_{t+1}$, θ est le facteur d'actualisation subjectif du ménage représentatif et δ dépend à la fois de l'élasticité du coût marginal par rapport à la production et de la sensibilité de l'ajustement des prix aux fluctuations du coût marginal. Le terme d'erreur prend en compte la présence d'imperfections réelles telles que la concurrence monopolistique, les rigidités du marché du travail, etc.

Règle (Taylor) de politique monétaire : $i_t^\tau = r_t^n + \varphi_\pi \pi_t + \theta_y y_t$ avec $\varphi_\pi > 1$ et $\theta_y > 0$

i_t^τ est le taux d'intérêt cible de la banque centrale. Le taux naturel r^n est une référence pour le banquier car il ne peut pas éloigner de manière persistante la production et le taux d'intérêt de leurs valeurs naturelles sans créer de l'inflation ou de la déflation.

Les analyses précédentes montrent que l'inflation découle essentiellement d'un choc de demande lié à une création monétaire excessive (Classiques et monétaristes), à la demande globale (Keynes) ou à des comportements d'anticipations rationnelles (NEC et NEK).[42] Un choc d'offre peut aussi être à l'origine d'une inflation soutenue : c'est l'inflation par les coûts. Les chocs d'offre affectent directement les coûts de production, contraignant les entreprises à répercuter ces hausses sur les prix de vente afin de maintenir leurs marges bénéficiaires. Qu'il s'agisse de la hausse des salaires, des fluctuations des prix des matières premières ou des décalages de productivité entre secteurs, ces facteurs influent sur le niveau général des prix et peuvent conduire à une inflation.

7. L'inflation expliquée par les coûts

Dans ce cadre théorique développé au cours des années 1950-1970, l'inflation provient des augmentations de salaires imposés par les syndicats et des augmentations de profits par les employeurs.

7.1. L'inflation par la pression salariale (*wage-push inflation*)

Les salaires constituent généralement la majeure partie des coûts totaux d'une entreprise. C'est pourquoi selon la théorie de l'inflation par la pression salariale, l'action syndicale dans l'économie est une cause fondamentale de l'inflation. En effet, les syndicats en mettant la pression sur les employeurs pour qu'ils accordent

[42] Il faut cependant noter que dans la nouvelle synthèse, les chocs d'offre sont pris en compte avec la théorie des cycles réels.

des augmentations de salaires considérables (au-delà de leur productivité), provoquent une augmentation des coûts de production des marchandises. Cela conduit les employeurs à augmenter à leur tour les prix de leurs produits. Les salaires plus élevés permettent aux travailleurs d'acheter autant qu'avant, malgré des prix plus élevés. Or, l'augmentation des prix incite les syndicats à exiger à nouveau des salaires plus élevés. C'est ainsi que la spirale des coûts salariaux se développe, entraînant une inflation par les coûts (Gallaway, 1958).

L'inflation par la pression salariale se produit donc sur les marchés du travail imparfaitement concurrentiels ; la principale imperfection étant l'existence de syndicats et la caractéristique habituelle de ces marchés est que les salaires monétaires sont inflexibles à la baisse. L'inflation par la pression salariale se produit lorsque les coûts élevés de la main-d'œuvre augmentent les prix des produits. Il arrive généralement que quelques secteurs de l'économie soient touchés par les augmentations des salaires monétaires et les prix de leurs produits augmentent surtout lorsque ces produits sont utilisés comme intrants dans d'autres secteurs de l'économie. Par conséquent, les coûts de production des autres secteurs augmentent également, ce qui fait grimper les prix de leurs produits. C'est de cette manière que l'inflation par les salaires dans quelques secteurs de l'économie entraîne rapidement une hausse des prix dans l'ensemble de l'économie.

7.2. L'administration des prix, une source d'inflation

Les prix administrés pratiqués généralement par les entreprises oligopolistiques ou monopolistiques, constituent la seconde source d'inflation (*profit push inflation*). En effet, ces entreprises, en augmentant les marges, peuvent, sans augmentation des coûts ou de la demande, augmenter les prix. Etant en situation de concurrence imparfaite, les entreprises augmentent souvent le prix de leurs produits pour compenser la hausse de la main-d'œuvre et des coûts de production afin de réaliser des bénéfices plus élevés. Comme l'a soutenu Ackley (1959), le processus inflationniste est essentiellement administratif. Il résulte d'une pression à la hausse des taux de salaire liée au coût de la vie, en interaction avec des majorations de prix administrées à la suite de l'augmentation des coûts salariaux, aggravée à nouveau par les prix agricoles, les matières premières, le coût de la vie, les taux de salaire et les prix industriels, dans un processus sans fin. Si les exigences de la main-d'œuvre et les pratiques de majoration des entreprises ne peuvent pas être harmonisées par des augmentations suffisantes de la productivité, il en résulte de l'inflation.

En définitive, la pression salariale des petits syndicats confrontés à une courbe de demande de travail inélastique, les rivalités entre groupes de syndicats, la recherche de profits par la pratique de prix administrés ou, plus généralement, la lutte pour la répartition des revenus entre un ensemble de sous-groupes de la société, sont à l'origine de l'inflation. De nombreux théoriciens de l'inflation par les coûts proposent donc l'atténuation plutôt que l'élimination de l'inflation.

8. L'inflation par les coûts dans les théories structuralistes

L'inflation structurelle a fait l'objet de débats dans la littérature. Il s'agit du structuralisme latino-américain, européen et scandinave ainsi que l'inflation inertielle encore appelée néostructuralisme.

8.1. L'inflation par la productivité

L'inflation de productivité résulte d'un décalage entre les gains de productivité sectoriels et l'uniformité des hausses salariales. Ce phénomène survient lorsque les hausses de salaires dépassent les gains de productivité dans certains secteurs, poussant les entreprises à augmenter leurs prix pour préserver leurs marges. Ce type d'inflation est souvent observé dans les secteurs à faibles gains de productivité.

8.1.1. La théorie de l'inflation structurelle

La théorie de l'inflation structurelle met l'accent sur la relation existant entre les variations des prix relatifs et les augmentations de l'inflation. Ces variations des prix relatifs sont le résultat de changements dans la structure économique car à chaque structure est associé un vecteur de prix relatifs. De façon générale, la théorie de l'inflation structurelle repose sur trois principales hypothèses (Canavese, 1982): (i) des prix relatifs qui changent lorsque la structure économique se modifie, (ii) l'inflexibilité à la baisse de (certains) prix monétaires, et (iii) une masse monétaire passive comblant l'écart déflationniste causé par les hausses de prix. Deux branches indépendantes et complémentaires, notamment le structuralisme latino-américain et le structuralisme européen ont contribué au développement de ce courant théorique.

Le structuralisme latino-américain

Il explique les causes des variations des prix relatifs par la faible productivité agricole et le déséquilibre de la balance des paiements. Ces deux types de pressions découlent eux-mêmes de changements dans la structure de la demande et de l'offre associées à un processus de développement économique. En effet, la croissance du secteur industriel et l'urbanisation croissante entraînent une modification de la quantité et de la structure des aliments et des matières premières. Or, la faible productivité du secteur agricole ne permet pas une réponse rapide de l'offre à la nouvelle demande. Le prix relatif des produits agricoles a tendance à augmenter. Si les prix industriels sont rigides à la baisse en raison d'une structure de marché oligopolistique, les prix monétaires des biens agricoles doivent augmenter. La seconde source d'inflation structurelle concerne les déséquilibres de la balance des paiements qui proviennent de la dégradation des termes de l'échange liée au processus d'industrialisation. L'adoption de politiques de résorption de ces équilibres (dévaluation ou les quotas d'importations) engendre un changement dans les prix relatifs des biens importés.

Le structuralisme européen

Il explique l'inflation par les fluctuations liées aux salaires qui augmentent au même rythme dans tous les secteurs de l'économie alors que ceux-ci ont des taux de croissance de la productivité du travail qui diffèrent. En général, la productivité augmente plus rapidement dans les secteurs produisant des biens que dans ceux fournissant des services. De ce fait, avec des taux de croissance des salaires monétaires uniformes dans les deux secteurs (biens et services), il en résulte une pression soutenue sur les coûts de l'offre de services. Ainsi, les prix relatifs des services augmentent et l'inflexibilité à la baisse des salaires et des prix conduit à l'inflation.

L'analyse de Baumol (1967) est bien en phase avec le structuralisme européen. Il explique que dans les secteurs à faible productivité, comme les services, les salaires augmentent en suivant les secteurs à forte productivité. Cependant, en l'absence d'une augmentation correspondante de la productivité dans ces secteurs, la hausse des salaires entraîne une augmentation des coûts, qui se répercute sur les prix. Ce mécanisme aboutit à une inflation dans les secteurs à faible productivité, car les entreprises augmentent les prix pour compenser les hausses de salaires : c'est la maladie des coûts (*cost disease*).

Le modèle scandinave de l'inflation

Très proche du modèle européen, le modèle scandinave de l'inflation s'est développé dans les années 1960. Kierzkowski (1976) donne les fondements théoriques de ce modèle en expliquant que celui-ci considère une économie à deux secteurs : biens échangeables et biens non échangeables. Il suppose que le pays en question a une "petite économie" et donc preneur de prix en ce qui concerne ses biens échangeables. Les prix de ces biens échangeables ne peuvent pas s'écarter des prix mondiaux sous l'hypothèse d'un taux de change fixe. Par conséquent, le taux d'inflation des prix du secteur des biens échangeables est égal au taux d'inflation mondial qui est une donnée. Ce modèle parvient à la conclusion que l'inflation domestique est déterminée par trois facteurs : les prix du marché mondial, le taux de change, et le différentiel de productivité entre le secteur échangeable et le secteur non échangeable.

Selon Lindbeck (1979), les résultats du modèle scandinave se résument comme suit :

- dans une petite économie ouverte, l'inflation à long terme est déterminée par l'inflation importée et l'inflation structurelle (différence de productivité entre les deux secteurs)
- dans une petite économie ouverte, l'inflation domestique est influencée par l'inflation

internationale (prix du marché mondial) et le taux de change. La raison est que les salaires sont déterminés dans le secteur des biens échangeables et transférés dans le secteur des biens échangeables

- l'impact de la croissance de la productivité sur l'inflation diffère d'un secteur à l'autre. En effet, une croissance plus élevée de la productivité dans le secteur des biens échangeables augmente l'inflation, alors qu'une croissance plus élevée de la productivité dans le secteur des biens non échangeables la réduit. Cette différence d'effet s'explique par la façon dont les salaires sont formés : alors qu'une croissance plus élevée de la productivité dans le secteur des biens échangeables, en stimulant les salaires, augmente les prix dans le secteur des biens non échangeables, la croissance de la productivité dans le secteur des biens non échangeables réduit les prix dans le secteur des biens non échangeables par le biais d'une baisse du coût unitaire de la main-d'œuvre.

Ces explications de l'inflation structurelle par la coexistence des secteurs des biens échangeables et non échangeables peuvent être prolongées à travers la dualité des secteurs concurrentiels et non-concurrentiels.

8.2. La dualité des marchés comme source d'inflation structurelle

Les théories de la dualité des marchés expliquent l'inflation par la coexistence de secteurs économiques ayant des structures de marché différentes, en particulier les secteurs concurrentiels et non-concurrentiels. Ce concept, largement exploré par des postkeynésiens comme Kalecki (1971) et Hicks (1974), repose sur l'idée que les secteurs concurrentiels ajustent rapidement leurs prix face aux variations de la demande, tandis que les secteurs non-concurrentiels, comme les oligopoles et les monopoles, réagissent plus lentement en absorbant temporairement les hausses de coûts avant d'ajuster à leur tour les prix. Selon Kalecki, cette structure duale favorise un processus cumulatif d'inflation, où l'augmentation initiale des prix dans le secteur concurrentiel se répercute dans toute l'économie via les salaires et les coûts des intrants, conduisant le secteur non-concurrentiel à augmenter à son tour ses prix pour maintenir ses marges.

La dynamique d'ajustement progressif des prix relatifs contribue à l'inflation structurelle, car les déséquilibres entre les secteurs concurrentiels et non-concurrentiels s'amplifient mutuellement. Gordon (1977) a approfondi cette idée en montrant que l'inflation n'était pas uniquement un phénomène monétaire mais aussi le résultat de distorsions structurelles entre différents secteurs économiques. De plus, les travaux de Lewis (1954) sur la dualité entre le secteur moderne et le secteur traditionnel avaient déjà montré comment les économies en développement, caractérisées par une hétérogénéité entre secteurs, peuvent voir émerger des tensions inflationnistes lorsque les secteurs à faible productivité, souvent moins réactifs, subissent les hausses de coûts venues des secteurs plus productifs.

En somme, la théorie de la dualité des marchés met en lumière l'idée que les déséquilibres structurels entre des secteurs à réactivité variable face aux chocs économiques, créent des conditions favorables à l'inflation. Ces déséquilibres conduisent à des ajustements de prix en chaîne, générant une spirale inflationniste soutenue par l'interaction entre les hausses de prix dans les secteurs concurrentiels et non-concurrentiels.

8.3. L'inflation inertielle au cœur du néostructuralisme

Dans les années 1980 s'est développée la théorie inertielle de l'inflation par les nouveaux structuralistes[43]. Selon certains penseurs de ce courant, il est important de distinguer les facteurs d'accélération, de maintien et de sanction de l'inflation. Les facteurs d'accélération sont au nombre de quatre : l'évolution des marges bénéficiaires, l'évolution des salaires réels au-dessus (ou en dessous) de la productivité, l'évolution du taux de change réel et le coût des importations. Le principal facteur de validation (ou sanction) de l'inflation est l'offre de monnaie. Quant aux facteurs de maintien de l'inflation, ils concernent l'indexation formelle *(wage indexation)* et informelle de l'économie et la fixation des prix à la marge et les conflits de répartition. Ces derniers sont les facteurs d'inertie qui maintiennent le taux d'inflation et ayant principalement fait l'objet d'analyse par les nouveaux structuralistes.

Selon cette théorie, l'inflation inertielle est le résultat du conflit entre les entreprises, les capitalistes, les bureaucrates et les travailleurs pour maintenir leur part de revenu (conflit de répartition). En plus des néostructuralistes, les postkeynésiens et les marxistes partagent le point de vue que l'inflation est l'expression monétaire des conflits de répartition. Ils considèrent que la monnaie est endogène et que des groupes sociaux (capitalistes, les rentiers, etc.), ont un pouvoir de monopole et peuvent définir stratégiquement les

---

[43] Cette théorie découle de la situation inflationniste (taux d'inflation de 200% par an) que le Brésil a connu en 1983 et l'échec de la thérapie orthodoxe à régler le problème. En effet, un ajustement budgétaire important a permis de rapprocher le déficit public de zéro, mais n'a pas réussi à stabiliser les prix (la récession a coexisté avec l'inflation). Cette théorie n'est pas hypothético-déductive, mais résulte d'un processus historico-déductif.

prix de leurs biens et services (*mark-up pricing*). Si ces groupes utilisent leur pouvoir de marché pour accroitre leur part du revenu national et que les autres groupes réagissent de même, il en résulte un conflit inflationniste. Deuxièmement, les syndicats peuvent tenter d'imposer une répartition plus "équitable" des revenus ou d'obtenir une compensation pour les pertes dues à l'inflation passée, par le biais d'augmentations des salaires monétaires. Le troisième type de conflit est le conflit entre capitalistes financiers et industriels pour des parts de la plus-value totale via le niveau des taux d'intérêt. Dans chacun des cas lorsque le conflit est agressif, c'est-à-dire que certains agents cherchent à augmenter leur part de revenu, l'inflation s'accélère. Dans le cas où les agents sont défensifs, en cherchant à maintenir leur part de revenu, l'inflation inertielle apparait.

La Théorie Monétaire Moderne (TMM) introduite par Mosler (1995), d'inspiration néochartaliste et postkey-nésienne, rejoint cette perspective en mettant en lumière les conflits distributifs entre le capital et le travail comme source principale de l'inflation. Selon la TMM, les salaires peuvent croître plus rapidement que la productivité, exerçant ainsi une pression à la hausse sur les coûts de production. Les entreprises, pour préserver leurs marges bénéficiaires, répercutent ces hausses salariales sur les prix, ce qui engendre une inflation par les coûts. De plus, selon la TMM, la création monétaire, tant publique que privée, suit la demande de crédit dans l'économie, rendant la monnaie endogène, et renforce l'idée que l'inflation résulte davantage des déséquilibres dans les rapports de force économiques que de l'excès de masse monétaire (Mitchell, 2020).

En plus des conflits des répartitions, une autre cause de l'inflation inertielle est l'indexation généralisée de l'économie (Blejer et Cheasty, 1988). Les mécanismes d'indexation ont deux composantes. La première, mécanique, concerne le lien entre l'inflation passée et les hausses de prix actuelles. La seconde, anticipative, est celle par laquelle les systèmes d'indexation minimisent la variance des revenus futurs attendus de manière que les individus n'anticipent pas de discontinuités importantes dans leur revenu permanent et dans leur pouvoir d'achat.

L'inflation est déterminée par son histoire et peu par la politique monétaire et fiscale. En effet, les politiques monétaires et fiscales ont été jugées inefficaces parce que l'inertie rendait l'inflation insensible à la demande. La solution réside dans des chocs non conventionnels qui éliminent la "mémoire inflationniste" des agents économiques appelé « choc hétérodoxe ». Ce choc inclus simultanément le gel des prix et des salaires à leur niveau réel moyen, la désindexation et les changements des taux d'intérêt contractuels pour refléter la baisse attendue du taux d'inflation.

Il faut noter que dans la macroéconomie moderne, l'inertie de l'inflation se distingue de la persistance de l'inflation. L'inertie fait référence à la réaction tardive et graduelle de l'inflation aux chocs, tandis que la persistance de l'inflation fait référence aux écarts prolongés de l'inflation par rapport à l'état d'équilibre après les chocs.

9. L'inflation par l'importation des coûts

La plupart des théories ont été développées pour traiter des économies fermées. Dans les années 1960, l'augmentation simultanée de l'inflation dans beaucoup de pays a suscité la nécessité de la prise en compte de la dimension internationale de l'inflation en intégrant dans l'analyse des considérations relatives à la balance des paiements et à la nature du régime de change. En économie ouverte, l'inflation peut être importée du fait que des facteurs externes augmentent les coûts des biens et services importés, entraînant une hausse générale des prix domestiques. Ce phénomène est principalement lié à des chocs d'offre, car il provient d'une augmentation des coûts des intrants nécessaires à la production domestique, tels que les matières premières, l'énergie, ou d'autres biens importés essentiels. Ce type d'inflation résulte souvent de facteurs externes aux conditions économiques internes et reflète les influences des marchés internationaux et des variations des taux de change.

9.1. Les mécanismes de transmission de l'inflation internationale

D'un point de vue théorique, la transmission internationale de l'inflation en changes fixes s'effectue à travers plusieurs mécanismes : L'effet prix, l'effet de demande, l'effet de liquidité et les effets d'anticipation internationale d'inflation et de démonstration (Frisch, 1977).

L'effet prix. Dans un contexte de changes fixes, il existe une transmission directe de l'inflation à travers le commerce international des biens. Cela s'explique par la loi du prix unique par laquelle tout écart entre les prix de biens similaires dans différents pays sera rapidement arbitré, ce qui garantira l'égalité des prix et des taux de variation des prix entre les pays. Frisch (1977) a montré que dans les économies ouvertes, les fluctuations des prix mondiaux influencent directement les coûts domestiques à travers le commerce international. Ces hausses de prix se propagent dans l'économie sous forme de chocs d'offre, car elles augmentent les coûts de production des entreprises locales qui dépendent de biens importés.

L'effet demande. Il est relatif aux effets de débordement de la demande excédentaire. En effet, une hausse de la demande globale dans un pays accroit les exportations des autres pays, initiant un multiplicateur de revenus expansionniste dans ces pays. Si tous les pays fonctionnent presque au plein emploi, ils tenteront de détourner la demande vers d'autres biens. Par conséquent, la demande excédentaire se transmettra d'un pays à l'autre, entretenant ainsi la pression inflationniste de la demande que connait chacun des pays.

L'effet de liquidité. Il découle de l'approche monétaire de la théorie de la balance des paiements qui met l'accent sur le lien direct entre la balance des paiements, la masse monétaire et le revenu nominal. En régime de changes fixes, un excédent de la balance des paiements entraîne une augmentation de la masse monétaire, ce qui peut générer une inflation. Johnson (1972) montre que la demande excédentaire se transmet via les déficits et les excédents de la balance des paiements. L'effet de liquidité traduit donc le fait qu'une hausse du taux d'inflation mondiale entraîne une baisse du niveau des prix intérieurs relatifs entrainant un excédent de la balance des paiements. La demande excédentaire et la croissance de la masse monétaire qui en résultent, génèrent un processus de hausse des prix intérieurs qui se poursuit jusqu'à ce que l'équilibre soit rétabli. Autrement dit, l'inflation domestique ne saurait s'écarter durablement de celle à l'étranger en régime de change fixe.

Effets d'anticipation internationale d'inflation et de démonstration. Les mouvements des prix internationaux peuvent influencer la formation des anticipations de prix intérieurs. De même, il est souvent admis que les augmentations de salaire exceptionnelles dans un pays peuvent stimuler les attentes dans d'autres pays et finalement conduire à des augmentations anticipées des prix et des salaires (effet de démonstration).

Toutes les analyses précédentes sont faites en changes fixes. En changes flexibles, la transmission de la demande excédentaire d'un pays à l'autre est limitée. En effet, les répercussions de cette demande excédentaire sur d'autres pays (via une augmentation de la demande d'importations) seraient entravées par une dépréciation du taux de change. Toutefois, le système actuel de «gestion» des changes flexibles fait que cela n'a pas éliminé les canaux de transmission internationale de l'inflation en changes fixes identifié plus haut. Cette transmission est seulement réduite pour les pays qui préfèrent des niveaux de prix plus stables à des taux de change plus stables.

9.2. La théorie quantitative de la monnaie internationale

Le modèle monétaire de l'inflation mondiale ou la théorie quantitative internationale de l'inflation est une fusion de la théorie quantitative et de l'approche monétaire de la balance des paiements (cf. encadré 3.5). Elle considère que l'offre mondiale de monnaie est égale à la somme des offres individuelles de chaque pays. Ainsi, une augmentation de la masse monétaire d'un pays donné signifie une augmentation de la masse monétaire mondiale, ce qui entraîne une hausse du niveau des prix mondiaux. Contrairement à la situation d'économie fermée, en économie ouverte, le taux de croissance de la monnaie en régime de change fixes est endogène car dépend de l'offre mondiale de monnaie et le crédit domestique. Lorsque la croissance de la masse monétaire mondiale est supérieure à celle de la production réelle, cela affecte le taux moyen d'inflation mondiale (Mundell, 1971 ; Johnson, 1972 ; Swoboda, 1973 ; Frenkel, 1976 ; Claassen, 1976). Les prix des biens importés augmentent, provoquant une inflation importée. Cela représente un choc d'offre, car les entreprises locales doivent faire face à des coûts plus élevés pour les biens importés, et répercutent ces hausses de coûts sur leurs clients.

Encadré 3.5. Modèle de la théorie quantitative internationale

A l'équilibre, l'offre de monnaie mondiale O est égale à la demande de monnaie mondiale : $O= M + eM^*$ (1)

M représente le stock de monnaie nationale et M^*, celui à l'étranger

$D = kpy + k^*p^*y^*$ (2)

k une constante, p le niveau de prix y le revenu réel; p^* le niveau de prix à l'étranger et y^* le revenu réel à l'étranger.

En vertu de la parité du pouvoir d'achat $p = ep^*$ et la relation entre le stock de monnaie mondiale et le prix est donnée par :

$O= M + M^* = (ky + k^*y^*)p$ (3) avec $e = 1$

Étant donné que la demande de monnaie, désignée par les variables entre parenthèses, reste constante, l'équation (3) montre que le niveau de prix mondial à un moment donné est entièrement déterminé par l'offre de monnaie mondiale.

Par ailleurs, la part proportionnelle q du pays d'origine dans le stock mondial total de monnaie peut être exprimée comme suit :

$q = {}^{M}/_{M^*} = ky/(ky + k^*y^*)$ (4)

L'expression du taux d'inflation mondial peut être obtenue en prenant la dérivée par rapport au temps de la relation entre la monnaie et le prix, et en l'exprimant en termes de changements proportionnels :

$\hat{p} = \hat{O} - [q\hat{y} + (1-q)\hat{y}^*]$ (4) avec $\hat{y}$ et $\hat{y}^*$, les taux de croissance de la production dans les deux pays, donnés de manière exogène.

L'équation (4) indique que le taux d'inflation mondiale est égal à la différence entre le taux de croissance de l'offre de monnaie mondiale et le taux de croissance de la production mondiale.

Il existe plusieurs possibilités de présenter les théories de l'inflation. L'une d'entre elles est la présentation suivant l'approche par la demande (*demand pull)* et par les coûts (*Cost-push*) comme l'indique le tableau 3.1. Cette présentation a été privilégiée pour rendre compte de façon structurée « l'inflation » des théories de l'inflation tout en mettant en emphase les grandes controverses théoriques dans l'histoire de la pensée sur ce phénomène.

Tableau 3.1. Classification des théories de l'inflation

	Demand pull (Demande)	***Cost-push (Offre)***
Monnaie exogène	Ecole Salamanca	
	Théorie quantitative de la monnaie	Marxistes
	Gap inflationniste de Keynes	Néo-chartalistes
	Modèles de la courbe de Phillips	
Monnaie endogène	Modèle néomalthusien	Ecole de la balance des paiements
	Processus cumulatif de Wicksell	Structuralistes
	Cycles réels	Modèle scandinave
	Nouvelle synthèse néoclassique	Postkeynésiens
		Inertialistes

Source : Vernengo, 2005

Ce chapitre a montré qu'il existe plusieurs sources de l'inflation et les stratégies de lutte contre le phénomène dépendent évidemment des causes en présence. Dans le cas d'une inflation monétaire résultant d'une croissance excessive de la masse monétaire par rapport à la production, une politique monétaire restrictive (augmentation des taux d'intérêt) peut être envisagée. Lorsque l'inflation est liée à la demande globale ou à la demande sectorielle, une politique budgétaire restrictive et des importations sont respectivement recommandées. Pour les postkeynésiens, des négociations syndicales peuvent être privilégiées lorsqu'il s'agit d'une inflation résultant d'un conflit de répartition. Par ailleurs, en référence à la nouvelle synthèse néoclassique où l'inflation dépend des anticipations et de l'activité économique, le ciblage d'inflation et la gestion transparente des objectifs monétaires par la Banque Centrale s'avèrent nécessaires. Sa crédibilité et sa réputation sont alors plus que jamais engagées dans la maitrise de l'inflation.

Chapitre IV.

Les théories du commerce international

Le commerce international traduit l'échange de biens et de services entre des pays. Si l'autarcie pouvait être envisagée au moyen âge, le système monde dans lequel les pays sont interconnectés de nos jours, impose une ouverture de fait de leurs économies. Il est légitime de s'interroger encore sur les enjeux de l'ouverture d'un pays au reste du monde. Après les mercantilistes du 16 au 18è siècle, les conjectures théoriques sur le commerce sont dominées par les Classiques et les néoclassiques.

La vision mercantiliste du commerce consiste à privilégier les exportations aux importations afin d'accumuler des réserves d'or qui constituent la principale puissance d'un Etat. Elle est remise en cause par les Classiques pour qui la division du travail au sein des fabriques dans lesquelles le pays a un avantage absolu (Smith) ou comparatif (Ricardo), est la principale source de richesse d'un Etat. C'est l'analyse de Ricardo qui est le point de départ de la « pure » théorie classique du commerce international. Cependant, en se limant aux différences technologiques comme fondement des coûts comparatifs de production et au travail comme seul facteur de production, l'analyse ricardienne reste limitée à prendre en compte le fait que l'activité de production engage plusieurs facteurs. C'est dans ce cadre que des économistes suédois (Hecksher et Ohlin) et américain (Samuelson) ont été d'un grand apport avec la théorie des dotations factorielles : c'est le point de départ de l'analyse néoclassique du commerce international. En plus du travail, ils considèrent le capital et montrent qu'un pays a intérêt à se spécialiser dans la production et l'exportation d'un bien qui utilise intensément le facteur dont il est le mieux doté. Aux antipodes du libre échangisme, s'est développé un courant d'inspiration keynésienne qui s'inscrit dans une logique plutôt protectionniste en s'appuyant sur les déséquilibres de la balance des paiements. Cette thèse s'est renforcée avec le protectionnisme éducateur Listien, la théorie de l'Etat développementiste ainsi que le protectionnisme endogène.

Le paradoxe de Leontief qui a remis en cause les prédictions néoclassiques du modèle de Hecksher-Ohlin-Samuelson, a favorisé en partie, l'émergence d'autres théories comme la théorie du gap technologique (Posner), la théorie de cycle du produit (Vernon) et la théorie du cycle du produit endogène (Grossman et Helpman). Elles mettent en avant la capacité à innover au centre de l'explication du commerce international mais aussi le phénomène de l'imitation technologique entre pays du Sud et du Nord. Cependant, ces théories ont connu aussi une certaine fragilité compte tenu de l'introduction de nouveaux produits avec l'établissement de nombreuses filiales à l'étranger et du développement de commerce entre pays du Nord ; des problématiques qui constituent des champs de recherche de la nouvelle économie du commerce.

Suite au développement de la nouvelle microéconomie, les théories du commerce international ont été profondément renouvelées avec les hypothèses de différentiation des produits, de concurrence imparfaite et de rendements croissants. Ces nouvelles théories du commerce international microfondés ont permis alors de passer de l'explication du commerce interbranche au commerce intrabranche et de biens similaires et l'interventionnisme est à nouveau plébiscité avec la politique commerciale stratégique. De même, ce ne sont plus les nations qui commercent mais les firmes. Le commerce international n'est plus fondé sur les seules caractéristiques des pays mais aussi sur le comportement productif des firmes : c'est l'objet de la « nouvelle » nouvelle théorie du commerce international où les théories sur la multinationalisation des firmes et leur hétérogénéité prennent de l'importance.

Le chapitre est organisé en plusieurs sections. La section 1 présente la vision mercantiliste du commerce. L'analyse des Classiques sur les avantages absolus (section 2) et comparatifs (section 3), puis néoclassique des dotations factorielles (section 4) sont présentées. Les controverses au libre-échange sont abordées à travers les théories keynésiennes (section 5) et le courant protectionniste (section 6). La théorie du cycle du produit ou théorie néo-technologique est présentée dans la section 7, les nouvelles théories du commerce international à la section 8 et la théorie de l'avantage compétitif conclut le chapitre.

1. Le commerce, un jeu à somme nulle

La première théorie du commerce international est la théorie mercantiliste qui défend l'idée que chaque pays doit exporter plus qu'il n'importe afin d'accumuler davantage de réserves (or) et accroitre sa puissance. Selon cette théorie, la puissance d'un Etat est liée à sa dotation en stock d'or d'où la nécessité de promouvoir toute politique qui consiste à accroitre les exportations et à limiter les importations. Le mercantilisme est proche du protectionnisme du fait de l'interventionnisme dans l'objectif de dégager un surplus de sa balance commerciale[44]. Etant donné que ce surplus ne peut pas être permanent et que le stock d'or est fixe à court terme, on peut donc déduire que ce qu'un pays gagne dans le commerce, l'autre le perd : c'est un jeu à somme nulle. Cette théorie mercantiliste a dominé la pensée économique sur le commerce du 16ème au 18ème siècle.

Cependant, le dilemme mercantiliste est que comme l'affirme Thomas Man (1571-1641), un penseur représentatif du mercantilisme : « *tous les hommes sont d'accord pour dire que l'abondance d'argent dans un royaume rend les marchandises locales plus chères* ». Même si les mercantilistes pensaient qu'une augmentation de l'offre de monnaie s'accompagne d'une augmentation de la demande de monnaie (et non des prix) et par conséquent, le volume des échanges ; il n'en demeure pas moins que cet afflux d'argent rend les marchandises plus chères, ce qui diminue leur utilisation et leur consommation. Par conséquent, l'accumulation des métaux précieux ne peut se faire via le commerce international. Par ailleurs, les Classiques comme David Hume (1752) et Adam Smith ont tous critiqué cette théorie mercantiliste. Hume estime qu'il n'est pas possible de maintenir un surplus de la balance commerciale à long terme dans la mesure où le surplus ou l'accumulation de l'or entraine une augmentation de l'offre de monnaie qui a son tour provoque une augmentation des prix et des salaires qui *in fine* réduiront les exportations et accroitront les importations. Plutôt qu'un jeu à somme nulle comme stipule la théorie mercantiliste, Smith (1776) affirme que le commerce international est un jeu à somme positive. Considéré comme la théorie de l'accumulation primitive, le mercantilisme a joué un rôle significatif dans le développement du capitalisme.

---

[44] Toutefois, dans le mercantilisme, l'intervention de l'Etat est forte et de long terme tandis que cette intervention est ciblée et ponctuelle selon les besoins économiques dans le protectionnisme.

2. La division du travail au sein des fabriques, une source de productivité

Pour comprendre la théorie smithienne du commerce international, il est important de partir de sa citation qui résume sa pensée : «*la maxime de tout chef de famille prudent est de ne jamais essayer de faire chez soi la chose qui lui coûtera moins cher à acheter qu'à faire. Le tailleur n'essaie pas de fabriquer ses propres chaussures, mais les achète à un cordonnier. Le cordonnier n'essaie pas de fabriquer ses vêtements, mais recourt au tailleur [...]. Ce qui est prudence dans la conduite de chaque famille en particulier ne peut guère être folie dans celle d'un grand empire* ».

Smith (1776) a critiqué les mercantilistes pour leur conception erronée de la richesse des nations (réserves d'or) en considérant que la véritable richesse d'une nation est le produit annuel de la terre et du travail de la société. Il transparait à travers la citation ci-dessus qu'une famille et par ricochet un grand empire a intérêt à se spécialiser dans la production et la commercialisation des biens pour lesquels ils ont un avantage absolu. Cela implique que les pays ne doivent produire sur le territoire national que les marchandises pour lesquelles le nombre d'heures de travail nécessaire pour leur fabrication est inférieur à tous les autres pays. En partant de la division du travail au sein des fabriques (niveau micro), il montre que la division internationale ou la spécialisation des nations est également source de croissance économique (niveau macro). Les hypothèses qui fondent la théorie smithienne du commerce sont les suivantes :

- modèle 2x2 : deux pays, deux biens ;
- mobilité des facteurs à l'intérieur d'un pays et immobilité des facteurs de production entre pays ;
- absence de barrières à l'échange ;
- le travail est le seul facteur de production important ;
- constance des rendements d'échelle.

Comme l'avantage absolu est obtenu par une simple comparaison des productivités, il est possible qu'un pays n'ait aucun avantage absolu. Dans la logique smithienne, ce pays devrait être évincé du commerce international, puisqu'il ne dispose aucun avantage par rapport aux autres nations. Dès lors, la théorie des avantages absolus n'explique pas pourquoi les pays qui n'ont pas d'avantages absolus participent malgré tout au commerce international. Torrens (1808) et Ricardo (1817), tout en prolongeant ces analyses classiques du libre-échange, fournissent une réponse à cette limite.

3. La théorie des avantages comparatifs : le rôle de la technologie

Les analyses de Ricardo (1817) constituent le point de départ de la « pure » théorie classique du commerce international. A la différence de Smith qui considère les coûts absolus, Ricardo considère la différence des coûts comparatifs de production comme la condition nécessaire à l'existence d'un commerce international (cf. encadré 4.1). Cette différence est reflétée dans les techniques de production. C'est pourquoi la technologie est la principale variable utilisée pour expliquer les modèles de commerce international. Ricardo fait l'hypothèse (en plus de celles de

Smith) que la technologie est fixe et des pays différents peuvent avoir des niveaux de technologie différents. Ce sont ces différences technologiques qui déterminent la division internationale du travail et de ce fait, chaque pays peut bénéficier des gains à l'échange. Si donc dans l'absolu un pays ne dispose d'aucun avantage sur ses concurrents, il se spécialisera dans la marchandise la moins désavantageuse pour lui relativement aux autres productions réalisables. Tout comme chez Smith, la spécialisation et l'échange international augmentent le nombre de marchandises produites et baissent leur prix d'échange.

Encadré 4.1. Avantage comparatif

Tout pays gagne en participant aux échanges car des coûts plus élevés (ou plus bas) constituent un avantage comparatif qui s'exprime par des rapports coûts/prix différents. Ainsi, si le rapport de prix international $\frac{P_x^*}{P_y^*}$ est plus élevé que le rapport de prix national $\frac{P_x}{P_y}$, il est moins coûteux d'importer Y et de produire X au niveau national.

Bien que Ricardo évoque d'autres avantages comme les avantages naturels (position géographique, climat, fertilité des sols, etc.) et les avantages artificiels comme l'intelligence plus grande des ouvriers ou la supériorité du capital, il ne s'intéresse qu'au travail comme seul facteur de production. Pourtant dans les faits, l'activité économique engage plusieurs autres facteurs de production. C'est pourquoi selon Heckscher (1919), Ohlin (1933) et Samuelson (1948), les déterminants de la structure des échanges sont à rechercher dans les différences de dotations en facteurs de production. C'est le point de départ de l'analyse néoclassique du commerce international.

4. La prise en compte de plusieurs facteurs de production dans l'explication des avantages comparatifs

En plus du travail, Heckscher (1919), Ohlin (1933) et Samuelson (1948) prennent en compte le facteur capital dans l'explication du commerce en se fondant sur plusieurs hypothèses (cf encadré 4.2). Les avantages comparatifs proviennent non plus des différences de technologie comme chez Ricardo, mais des différences des dotations en facteurs de production. Ils considèrent un modèle à deux pays qui produisent deux biens avec deux facteurs de production (modèle 2x2x2). Ils expliquent l'échange international à partir de l'abondance relative (ou de la rareté relative) des facteurs de production. Ainsi, un pays a un avantage dans l'exportation de biens dont la production requiert l'usage intensif du facteur de production considéré comme abondant. En plus de l'abondance factorielle relative, Hecksher et Ohlin (HO) raisonnent également en termes d'intensité factorielle. Autrement dit, un pays a intérêt à se spécialiser dans la production et l'exportation d'un bien qui utilise intensément le facteur dont il est le mieux doté.

Encadré 4.2. Hypothèses de la théorie des dotations factorielles :

1. modèle 2x2x2 : deux inputs, deux pays, deux outputs ;
2. les dotations en facteurs sont données (travail et capital) ;
3. les rendements d'échelle sont constants ;
4. il n'existe pas de production conjointe ;
5. les fonctions de productions sont identiques entre les pays (même technologie) ;
6. les marchés des facteurs et des produits sont fortement concurrentiels ;
7. les goûts des consommateurs sont identiques et homothétiques ;
8. il n'existe pas d'inversion de l'intensité des facteurs (w/r) ;
9. avant l'ouverture du commerce, les deux marchandises sont produites et consommées dans les deux pays.

La théorie des dotations factorielles aboutit à quatre théorèmes fondamentaux : théorème de Stolper-Samuelson, théorème de Rybczynski, loi de proportion de facteurs, théorème d'égalisation des rémunérations factorielles (Samuelson,1948). Deux théorèmes se réfèrent à des comparaisons entre deux pays (le théorème HO et le théorème de l'égalisation des prix des facteurs). Les deux autres traitent des relations à l'intérieur d'un même pays (théorèmes de Stolper-Samuelson et de Rybczynski). Ces deux derniers peuvent se passer de l'hypothèse d'une technologie identique.

Le théorème de HO. La production du bien qui utilise le facteur relativement abondant de manière plus intensive bénéficie d'un avantage en termes de coûts comparatifs. Par conséquent, chaque pays exportera le produit pour lequel la production utilise de manière relativement intensive le facteur le plus abondant.

Le théorème de Stolper-Samuelson (1941). Il s'intéresse à l'impact de l'ouverture sur les rémunérations des facteurs de productions. En effet, lorsqu'un pays passe de l'autarcie au libre-échange, le facteur qui est relativement plus utilisé par la branche dont le prix relatif augmente, bénéficie d'une augmentation de sa rémunération et l'autre facteur voit sa rémunération diminuer. Le commerce international abaisse nécessairement le salaire réel du facteur rare exprimé dans n'importe quel bien.

Le théorème de l'égalisation des prix des facteurs. Contrairement aux produits qui sont échangés au niveau mondial, les facteurs de production ne sont pas censés être internationalement mobiles, d'où la pertinente question de savoir ce qu'il adviendra de leurs prix. Dans l'hypothèse d'un libre-échange, Samuelson (1948) a montré qu'une forte concurrence conduira à une égalisation des prix des facteurs. En effet, la concurrence sur le marché des produits entraîne une concurrence indirecte sur le marché des facteurs. Puisque la concurrence égalise les prix des marchandises (qui sont donc donnés), et que les fonctions de production sont identiques, les prix des facteurs seront aussi égalisés.

Le théorème de Rybczynski (1955). Dans ce théorème ce sont les quantités de facteurs de production et de produits (à prix de produits de base donné) qui sont analysées tandis que le théorème de Stolper-Samuelson traite des prix des facteurs et des produits (à offre de facteurs fixe). Dans une économie incomplètement spécialisée, les prix des facteurs sont supposés être internationalement égalisés et fixés par le théorème d'égalisation des prix des facteurs. Par conséquent, la technologie de production choisie est également constante. Lorsque les facteurs de production disponibles sont pleinement utilisés, une augmentation de l'offre d'un facteur, toute chose égale par ailleurs, augmente la production du bien qui utilise intensivement ce facteur et réduit la production de l'autre produit. Cela se produit parce que l'expansion de la production qui utilise la quantité accrue du facteur devenu plus abondant, doit également utiliser l'autre facteur tel que déterminé par la technologie fixe. De cette manière, il reste moins pour la production de la seconde marchandise et celle-ci doit se contracter. En définitive, le théorème s'énonce comme suit : à prix internationaux constants des produits, l'augmentation du volume d'un facteur de production provoque un accroissement de la production du bien qui l'utilise intensivement et une baisse de la production intensive dans l'autre facteur. Le théorème de Rybcynzski en pratique peut être vu à travers le syndrome hollandais qui traduit une situation dans laquelle la découverte de gaz en Hollande a donné lieu à un accroissement des industries intensives en gaz et une contraction des industries traditionnelles d'exportation.

Ces théories sont utiles pour expliquer les échanges de produits différents entre deux pays différents (pays développé et pays en développement), échanges qualifiés d'interbranches. Toutefois, Leontief (1953) constate que les exportations américaines sont plus intenses en travail alors que ces pays sont plus dotés en capital. Ce paradoxe de Leontief trouverait son explication dans la qualité du facteur travail qui bien que plus cher est très productif. Plus tard, la nouvelle théorie du commerce international donne une réponse à ce paradoxe à travers les économies d'échelle et la concurrence monopolistique. L'analyse classique et néoclassique a suscité une controverse avec les postkeynésiens et l'école structuraliste.

5. Les théories d'inspiration keynésienne du commerce international

L'analyse de Keynes n'a pas explicitement pour objet de traiter la question du libre-échange comme chez les Classiques, mais plutôt la poursuite par les États nationaux de l'objectif de plein-emploi au moyen de politiques macroéconomiques. Pour Keynes, ces politiques doivent être menées de façon coordonnée et prioritairement dans le domaine monétaire et financier. Il faut situer l'analyse Keynésienne dans le contexte de la grande dépression, caractérisé par des déséquilibres prolongés de la balance des paiements et des taux de chômage élevés. Pour Keynes, la mise en place de tarifs pour les importations contribuerait au rééquilibrage de la balance commerciale. Même si Keynes a reçu de son maitre Marshall une éducation de libre-échangiste, il faut retenir avec Maurin (2010) qu'il a ensuite défendu les mesures protectionnistes pour l'après-crise de 1929 puis changé d'optique pour ne plus considérer le protectionnisme protecteur comme un remède seulement en cas de crise mais comme un véritable garde-fou du système économique. Pour lui, la théorie libre-échangiste est victime de ses hypothèses de plein emploi et de retour automatique à l'équilibre.

Robinson, théoricienne du déséquilibre et postkeynésienne, s'appuie également sur le déséquilibre de la balance des paiements pour remettre en cause les prédictions théoriques du modèle classique des échanges internationaux. Elle montre que l'ensemble du système monétaire international peut être perturbé longuement, aggravant la confusion des échanges. De ce fait, l'hypothèse de plein emploi postulée par les Classiques est remise en cause et par ricochet le modèle classique d'analyse du commerce international est réduit à néant. Par ailleurs, si le plein emploi est établi par des politiques nationales, chaque pays a le choix entre l'investissement intérieur (ou des mesures favorisant la consommation intérieure) et un excédent d'exportation, comme moyen de le garantir. Plus un pays a recours à l'investissement intérieur (ou à la réduction de l'épargne), plus son excédent d'exportation diminue (ou plus son déficit augmente) et plus il contribue à fournir de l'emploi dans d'autres pays. Plus, il recourt à la baisse des salaires ou à la protection, plus l'emploi est difficile à maintenir dans le reste du monde. La situation de chaque pays est affectée par les politiques des autres, et toutes les permutations et combinaisons sont possibles. En bref, pour Robinson, la notion d'une position naturelle unique d'équilibre est un mirage et le commerce international doit être orienté par une politique consciente.

A la suite de Robinson, Kaldor (1970) a introduit le principe de la causalité cumulative pour remettre en cause la spécialisation à la HOS. Contrairement aux théories néoclassiques, le libre échange favorise, selon lui, la croissance des nations industrialisées déjà développées et peut exercer un effet restrictif sur la croissance des pays moins développés auxquels on demande de se spécialiser dans l'exportation de produits primaires. Or, cette spécialisation à la Heckscher Ohlin n'améliore pas le niveau des pays déjà moins développés dans la mesure où le secteur des ressources naturelles est fortement intense en capital dont ces pays en disposent très peu mais faiblement intense en main d'œuvre dont ces pays sont mieux dotés.

Pour expliquer pourquoi certaines régions se sont fortement industrialisées par rapport à d'autres, Kaldor (1970) utilise le principe de causalité circulaire et cumulative ou théorie de causation cumulative, introduit par Mydral

(1957). Le processus de la causalité circulaire et cumulative trouve son origine dans la demande de produits industriels émanant d'abord du secteur agricole et ensuite de la demande mondiale. Ce principe provient des rendements d'échelle croissants dans le secteur industriel, aux avantages cumulatifs découlant de la croissance de l'industrie elle-même, au développement des compétences et du savoir-faire, aux possibilités de communication des idées et de l'expérience, à la possibilité d'une différenciation croissante des processus et d'une spécialisation des activités humaines. Cependant, Kaldor explique que les variations des exportations ne stimulent pas toujours la production nationale, la consommation et les revenus (causation cumulative) en raison de divers facteurs non pris en compte dans les modèles théoriques, tels que les ajustements du marché, les politiques économiques et les changements structurels (paradoxe de Kaldor). Pour Kaldor, le principe de causalité circulaire et cumulative justifie les inégalités de développement industriel des régions résultant du processus de développement historique lui-même plutôt que par des différences exogènes dans la dotation en ressources. Le paradoxe de Kaldor a conduit à l'abandon de la théorie cumulative et à l'adoption d'une version proche du multiplicateur du commerce extérieur de Harrod[45].

Un courant qui s'est développé à l'opposé du *mainstream* est l'école structuraliste ou néomarxiste avec Raul Prebisch comme chef de fil. Il considère que le sous-développement est la conséquence de la division internationale du travail qui engendre la polarisation du monde entre un centre (les pays développés) et une périphérie (les pays en développement). Comme dans les

[45] Avec l'approche d'Harrod, la dynamique n'est plus purement cumulative mais elle est soumise à la contrainte extérieure qui est que pour croître durablement, une économie doit parvenir à équilibrer ses échanges extérieurs.

modèles de localisation, la position d'un pays au centre lui confère une certaine rente de situation liée aux forces d'agglomération et cela permet d'organiser à son profit les relations avec la périphérie. Pour Prebisch, les pays de la périphérie se résument à l'exportation des produits primaires pour ravitailler le centre : c'est la théorie de la dépendance[46]. Ces analyses se rapprochent de celles de Kaldor sur l'hypothèse de la causalité circulaire et cumulative développée précédemment et se prolongent avec Arghiri (1969) et Amin (1973), à travers la théorie de l'échange inégal et le développement inégal.

L'échange est inégal puisque ce sont les pays du centre qui fixent les règles du jeu du commerce international. Les échanges commerciaux ont plutôt abouti à un appauvrissement culturel[47] et les règles du jeu du marché ne poussent pas vers l'égalité de rémunération des facteurs de production comme l'indique l'un des théorèmes dans HOS. Tous les pays ne sont donc pas forcément gagnants au libre-échange dans la mesure où les avantages comparatifs négligeraient ces rapports de force internationaux qui pèsent dans les échanges. D'une part, ces théories soutiennent le protectionnisme pour promouvoir un marché interne et développer les industries nationales, et d'autre part, recommandent l'émergence d'un commerce équitable. Ces arguments ont nourri les débats sur le développement autocentré.

Le développement autocentré est fondé sur l'idée qu'il faut exporter le surplus une fois les besoins locaux couverts. Sans prôner l'autarcie mais tout en étant tournée vers l'intérieur pour la satisfaction prioritaire des besoins domestiques, les exportations restent indispensables pour financer les importations incompressibles selon ses

[46] Voir aussi la théorie de la domination de l'école de la régulation

[47] «Une ville comme Bagdad dont le nom évoque tant de gloires passées n'abrite plus aucun des anciens arts » (Myrdal).

défenseurs. De même, comme les consommateurs ont une préférence pour la diversité, l'ouverture aux échanges n'est plus expliquée par les avantages comparatifs mais par cette demande de différence (Lassudrie-Duchêne, 1971).

Les théories les plus radicales en matière du libre-échange concernent la théorie de l'impérialisme[48] (Hobson, 1902) et de la déconnexion (Amin). L'impérialisme en tant que stade suprême du capitalisme, bloque le développement des pays pauvres car il exploite ces derniers pour sa survie. La voie recommandée est la déconnexion de ces pays avec le monde capitalisme en privilégiant la voie de développement national et populaire.

Dans les analyses d'inspiration keynésienne, il se dégage les prémices d'une ouverture bien pensée voire d'un protectionnisme éducateur. Ce sont les analyses de List qui vont ouvrir la voie à un courant protectionniste encore plus structuré.

6. Le protectionnisme, un courant aux antipodes du *mainstream*

6.1. Le protectionnisme Listien

Les 18è et 19è siècles ont vu émerger des théories protectionnistes aux antipodes des théories libérales dominantes. En effet, la théorie de la protection des industries dans l'enfance introduite par l'homme politique américain Alexander Hamilton en 1791 et popularisée par Friedrich List en 1841, reste la pierre angulaire des thèses

---

[48] Warren (1980), cité par Brasseul et Lavrard-Meyer (2016), définit l'impérialisme par la pénétration et l'extension du système capitaliste dans les régions non capitalistes, ou à capitalisme primitif, du monde.

protectionnistes. Pour List, le développement d'une société est caractérisé par cinq phases :

- la barbarie initiale ou phase primitive. Dans cette phase, les individus vivent de l'exploitation des ressources naturelles et le commerce est quasi inexistant ;
- l'économie pastorale. Les populations pratiquent l'élevage et commencent à se sédentariser et à se spécialiser;
- l'économie agricole. Le secteur agricole devient le moteur de l'économie et les biens manufacturés sont importés ;
- l'économie agricole et manufacturière. L'économie commence à se diversifier avec la naissance de l'industrie et de l'artisanat ;
- l'économie agricole, manufacturière et commerciale. Dans cette dernière phase, l'économie devient compétitive pour s'ouvrir au commerce international sans protection et bénéficier du libre-échange.

Bien que pour lui les premières étapes de développement doivent se faire selon les principes du libre-échange, il recommande une politique commerciale interventionniste temporaire pour permettre à la nation d'entrer dans la phase 4 puis 5. Compte tenu du fait qu'une industrie naissante ne peut pas faire face à la concurrence étrangère (phase 4), il convient selon List de protéger celle-ci de façon temporaire afin qu'elle grandisse et devienne compétitive avant son ouverture au jeu du libre-échange. Le protectionnisme listien est dégressif conduisant au libre-échange. Cette thèse s'est perpétuée avec l'Etat développementiste.

6.2. L'État développementiste et la réémergence du protectionnisme

La thèse listienne a survécu entre 1980 et 2010 grâce aux développements de la théorie de l'État développementaliste qui s'appuie sur les théories institutionnalistes pour mettre en exergue les stratégies d'industrialisation par substitution des importations. Chang (2003), l'un des artisans de cette thèse, indique qu'historiquement, les pays développés eux-mêmes ne se sont pas développés sur la base de la politique de libre-échange et de la politique industrielle de laissez-faire qu'ils recommandent, voire imposent actuellement aux pays en développement. Il montre ensuite comment la quasi-totalité des pays développés d'aujourd'hui, en particulier le Royaume-Uni et les États-Unis, qui sont censés être les patries du libre-échange, ont eu recours à la protection tarifaire et aux subventions pour développer leurs industries lorsqu'ils étaient en position de rattrapage. Il recommande de ce fait que les règles mondiales soient réécrites de manière à permettre aux pays en développement d'utiliser plus activement les droits de douane et les subventions pour promouvoir les industries naissantes conformément à leur stratégie de développement.

Tout comme Chang, Reinert (2012) s'appuie sur un empirisme méthodologique et historique pour réfuter la thèse du libre-échange et prôner le protectionnisme éducateur. Il développe la thèse du développement inégal en se fondant sur les rendements croissants qui sont associés à un pouvoir de marché plutôt que sur les rendements décroissants qui conduisent à des marchés parfaits. Or, le pouvoir de marché accroit les profits et les salaires tandis que les rendements décroissants entrainent la baisse de prix qui ne bénéficie qu'aux consommateurs. Pour Reinert, les pays riches sont devenus plus riches par la hausse des salaires et non par la baisse des prix. Il montre ainsi que les spécialisations ne se valent pas. Les pays (riches) qui se spécialisent dans les activités à rendements croissants (industrie, services spécialisés) se développent plus vite que ceux qui se spécialisent dans des activités à rendements décroissants (agriculture, ressources naturelles) [49] . Il réhabilite le mercantilisme non pas qui accumule simplement des métaux précieux mais qui promeut un développement industriel.

Le protectionnisme développé jusqu'ici relève d'une approche normative dans laquelle les motivations et les modes de fonctionnement des interventions de l'Etat sont absents. Que ce soit le protectionnisme listien ou celui défendu dans la politique commerciale stratégique, l'Etat poursuit l'intérêt général et son rôle se résume à un simple collecteur de taxes ou distributeur de subventions aux firmes exportatrices, etc. Dans l'économie politique de la politique commerciale, l'État ne peut être vu comme un agent passif mais cherche à concilier des intérêts parfois divergents conduisant au protectionnisme dit endogène.

6.3. L'économie politique du protectionnisme

Dans une approche positive, l'économie politique internationale (EPI) du protectionnisme introduit dans l'analyse du commerce international les comportements du pouvoir politique, sensible aux intérêts privés. Elle analyse les mécanismes sous-jacents à la politique commerciale : c'est l'économie politique de la politique commerciale[50]. Selon cette logique, la demande de protection peut émaner

[49] Voir aussi le paradoxe de West-Graham (1920)
[50] Elle s'appuie sur la théorie des choix publics (Buchanan et Tullock, 1962) et la théorie de l'action collective (Olson, 1965).

du choix de l'électeur médian ou d'un groupe de pression (*lobbies*) et la protection devient alors endogène et non exogène. Dans le premier cas, le type de bien protégé et l'ampleur de la protection (formation du tarif) dépendent d'un vote à la majorité et le gouvernement se contente d'entériner le choix populaire (Mayer, 1984). Le taux tarifaire optimal de l'électeur médian devient le taux tarifaire d'équilibre dans le cadre du vote à la majorité. L'identité de l'électeur médian dépend des règles d'éligibilité et de la répartition de la propriété des facteurs (terres, capital et travail, ...). Dans le second cas, la protection (endogène) émane des lobbies ou des partis politiques. Magee et al., (1989) considèrent que la politique commerciale résulte de la concurrence entre deux partis qui s'appuient sur deux lobbies aux intérêts divergents pour financer leurs campagnes électorales.

Il s'agit d'un jeu dynamique en deux étapes dans lequel la probabilité qu'un parti soit majoritaire dépend d'une part des taux de protection proposés par chaque parti politique et d'autre part des contributions attendues de la part des deux *lobbies*. Dans la première étape, chaque parti propose la politique qui maximise sa probabilité de gagner l'élection. Dans la seconde, les *lobbies* décident des contributions de campagne compte tenu des politiques proposées, conduisant aux niveaux d'équilibre des taux de protection proposés par chacun. Dans une autre analyse, Grossman et Helpman (1994) supposent que les contributions sont versées uniquement au gouvernement en place et non à tous les partis politiques (cas des Etats Unis). Dans ce cas, la politique commerciale résulte également d'un jeu en deux étapes : (i) d'abord chaque *lobby* définit un barème de contributions qu'il est prêt à offrir, en fonction des politiques commerciales possibles et des contributions des autres *lobbies* ; et (ii) le gouvernement détermine ensuite sa politique commerciale en fonction des barèmes de contributions proposées et du poids qu'il accorde au bien-être collectif associé à cette politique. Ces analyses restent aussi limitées d'autant plus que très souvent la politique commerciale repose sur le multilatéralisme ou sur le régionalisme et non seulement sur une logique d'intérêts nationaux concurrents. Elles permettent néanmoins de comprendre le protectionnisme malgré des pertes de bien-être collectif, contraire à la vision normative.

Malgré les développements des thèses protectionnistes, les thèses d'un commerce mutuellement avantageux ont été également soutenues par la théorie néo-technologique. Alors que Ricardo s'intéressait aux avantages comparatifs fixes, la théorie néo-technologique met l'accent sur la dynamique du progrès technologique.

7. La théorie de cycle du produit ou théorie néo-technologique

7.1. La théorie du cycle de vie du produit

La théorie du gap technologique (ou théorie d'imitation du gap ou imitation technologique) et la théorie du cycle de vie des produits mettent toutes deux l'accent sur les différences de capacité d'innovation entre les pays en tant que base des flux commerciaux internationaux et d'investissements directs étrangers (IDE)[51]. En effet, la théorie du cycle de vie du produit prolonge celle de l'écart

[51] Selon l'hypothèse du cycle du produit, les entreprises qui installent des unités de production à l'étranger le font généralement en s'appuyant sur un avantage monopolistique réel ou imaginaire

technologique de Posner (1961) en analysant les causes de l'innovation et les modalités de sa diffusion internationale. Posner a fourni une explication des échanges de produits manufacturés entre des pays avancés aux conditions économiques générales très similaires. Pour lui, les échanges commerciaux peuvent s'expliquer par des changements et des développements technologiques qui influencent certaines industries et pas d'autres ; parce que des changements techniques particuliers proviennent d'un pays, des "différences de coûts comparatifs" peuvent induire le commerce de biens particuliers pendant le laps de temps nécessaire au reste du monde pour imiter l'innovation d'un pays.

Lorsqu'un pays lance un nouveau produit ou un service sur le marché grâce à sa nouvelle technologie, il détient un avantage comparatif et un monopole temporaire, le temps que les autres pays imitent ladite technologie. Le gap technologique est donc considéré comme le temps nécessaire pour les autres pays (suiveurs) de répliquer l'innovation du leader. Le commerce peut donc être causé par l'existence d'un savoir-faire technique dans un pays qui n'est pas disponible ailleurs, même s'il n'y a pas de différences internationales dans les dotations relatives en facteurs de production stricto sensu. Néanmoins, la dotation en facteurs joue également un rôle dans la mesure où si les innovateurs sont sensibles aux coûts relatifs des facteurs, l'activité d'innovation peut être orientée vers les secteurs qui utilisent le plus les facteurs de production les plus coûteux dans une économie. Dans ce sens, si l'innovation conduit à des exportations, il apparait des schémas commerciaux contredisant la théorie de Heckscher-Ohlin qui considère que les nations se spécialisent dans l'utilisation intensive de leur facteur le moins coûteux.

Vernon (1966) s'inscrit dans la continuité de Posner en expliquant le commerce international par l'évolution du cycle de vie des biens au cours duquel les lieux de production du bien se déplacent géographiquement, stimulant le commerce international. Cette évolution du cycle de vie est caractérisée par trois phases. La première est l'introduction (lancement) du produit qui se passe dans les pays riches où la production nécessite une main d'œuvre qualifiée et où les consommateurs riches peuvent se procurer du bien. L'entreprise qui a innové dispose d'un monopole temporaire. Cependant, d'autres entreprises imiteront l'innovation et entre en concurrence avec le leader. Ainsi, lorsque les techniques de production se répandent, le processus de production est dominé par des peu ou pas qualifiés et la consommation du bien devient accessible au pays à bas revenu : c'est la phase de la maturation. La dernière phase est caractérisée par la standardisation (déclin) où la production est délocalisée dans plusieurs pays permettant de satisfaire une demande croissante. Le processus s'inverse et les pays riches importent en quasi-totalité des pays pauvres ces mêmes biens qu'ils exportaient au début. Le cycle reprend lorsque la future innovation du Nord remplace les anciennes versions fabriquées dans le Sud.

Le point essentiel de ce modèle est que la diffusion d'une nouvelle technologie se fait lentement et qu'en fin de compte, tous les pays bénéficient de l'invention. Toutefois, Vernon (1979) reconnait le pouvoir affaibli de l'hypothèse du cycle de vie pour deux raisons majeures. La première est l'augmentation de la portée géographique d'un grand nombre d'entreprises impliquées dans l'introduction de nouveaux produits du fait de l'établissement de nombreuses filiales à l'étranger. La seconde est le changement dans les marchés nationaux des pays industrialisés, qui a réduit certaines des différences qui existaient auparavant entre ces marchés. Dans la formulation de Vernon du cycle de vie d'un produit, le déplacement de la production vers le Sud est une décision volontaire des entreprises qui innovent dans l'objectif de maximiser le profit. Dans le prolongement de cette analyse, le déplacement de la production est supposé être motivé par l'imitation du Sud. C'est là où les analyses rendent endogène le cycle du produit.

7.2. La théorie du cycle du produit endogène

Le modèle de Grossman et Helpman (1991a) est l'une des analyses les plus complètes et les plus influentes de l'idée de Vernon (1966) sur le cycle de vie du produit. Ils construisent un modèle du cycle du produit qui comprend une innovation endogène et un transfert de technologie endogène où un pays, appelé le Nord, invente d'abord de nouveaux produits et les fournit sur le marché international. Le pays en développement, appelé le Sud, suit par imitation et se spécialise progressivement dans la production de ces biens. Les deux pays (Nord et Sud) diffèrent seulement dans leur capacité à innover. Par hypothèse, les chercheurs sont engagés dans le secteur de la R&D. De ce fait, compte tenu de l'avantage comparatif supposé du Nord en matière d'innovation, les chercheurs du Nord sont utilisés pour concevoir de nouvelles variétés ; les chercheurs du Sud ne peuvent que reproduire les variétés existantes dans le Sud à des coûts inférieurs.

Les entrepreneurs compétitifs du Nord consacrent des ressources au lancement de nouveaux produits chaque fois que la valeur actualisée des profits futurs de l'oligopole dépasse les coûts actuels de développement du produit. Chaque oligopoleur du Nord est continuellement confronté au risque que son produit soit copié par un imitateur du Sud, ce qui mettrait fin à son flux de bénéfices. Dans le Sud, les entrepreneurs compétitifs peuvent consacrer des ressources à l'apprentissage des processus de production qui ont été mis au point dans le Nord. Dans ce cas également, les coûts de l'ingénierie inverse doivent être couverts par un flux de bénéfices d'exploitation. De ce fait, Grossman et Helpman (1991a) montrent que dans l'état d'équilibre avec échanges, les entreprises du Nord sont davantage incitées à entreprendre des activités de R&D qu'en cas d'autarcie, car elles obtiennent un taux de profit plus élevé, même si c'est pour une période plus courte. Cette période de profit est d'autant plus courte que l'imitation par le Sud est plus rapide mais renforce en fin de compte l'incitation à innover dans le Nord. De même, le Sud croît également plus rapidement avec les échanges qu'en l'absence d'échanges. Cependant, cette conception dominante du commerce du Nord versus le Sud et interbranches va connaitre des limites avec l'émergence de comportements échangistes qui sortent de ce cadre, entrainant un renouvèlement de l'analyse théorique du commerce.

8. Les nouvelles théories du commerce international

Au cours du 20ème siècle, la théorie du commerce a été profondément bouleversée donnant naissance aux nouvelles théories du commerce international et cela pour deux raisons majeures : théoriques et empiriques. Au plan théorique, le relâchement de certaines hypothèses de la théorie néoclassique notamment la concurrence parfaite, l'homogénéité des produits et des fonctions de production et les rendements d'échelle constants ou décroissants.

Au plan empirique, Verdoorn (1960) et Balassa (1966) ont mis en exergue l'émergence d'un commerce inter-nations au niveau de développement comparable et aux dotations factorielles identiques ou quasi-identiques.

De même, la part des échanges de produits similaires dans le commerce des nations (commerce intra-branche) et le nombre de firmes multinationales ont augmenté.

8.1. La prise en compte de la taille des nations dans le commerce international : le rôle des rendements croissants

La théorie traditionnelle du commerce se fonde sur l'hypothèse des rendements constants et de ce fait, la taille d'un pays n'a aucun effet en matière de commerce. Cependant, l'existence d'économie d'échelle interne (à la firme) du fait de l'organisation interne ou de l'existence de coût fixe peut modifier les conclusions traditionnelles en matière de commerce. Il en est de même en présence d'économies d'échelle externes liées à la taille du secteur ou du pays notamment l'existence d'économie d'agglomération (cas de la Silicon Valley) ou d'infrastructures réduisant les coûts moyens de production. Si les économies d'échelle externes à la Marshall (1879) existent, chaque pays peut trouver avantage à la spécialisation et au commerce international même si les pays dans l'échange sont identiques à tout point de vue. La taille du marché domestique en présence d'économie d'échelles externes expliquerait donc les échanges commerciaux[52]. De même, avec les économies internes, le commerce est bénéfique puisque les firmes profitent d'une taille plus large de marché, des externalités de savoir et de

---

[52] L'intégration des économies d'échelles externes dans le commerce international a donné lieu à la nouvelle économie géographique qui montre l'importance des rendements croissants et la concentration géographique des activités économiques dans le contexte du commerce international.

connaissance et les consommateurs bénéficient d'une variété grande de produits. Ces économies d'échelles sont susceptibles d'entrainer des structures de marché oligopolistique et monopolistique sur lesquelles bien d'autres auteurs s'appuient pour justifier le commerce intra-branche.

8.2. La concurrence imparfaite, une explication du commerce intra-branche

Le modèle traditionnel Heckscher-Ohlin du commerce international justifie le commerce international par les différences de dotation en facteurs des pays. Ses théoriciens considèrent que le commerce intrabranche n'est qu'un commerce de biens ayant des utilisations similaires mais des dotations factorielles différentes. Cependant, la nouvelle théorie explique le commerce intra-branche différemment. Des travaux précurseurs de cette théorie, on retrouve celui de Linder (1961) qui introduit la notion de "demande domestique représentative". Pour lui, les productions sont dépendantes de la demande et les producteurs nationaux produisent d'abord pour leur marché national et les exportations sont un commerce de surplus par rapport à la demande domestique. C'est cette demande représentative qui détermine la nature des produits exportés et le degré de sophistication de ces produits croit avec le revenu par tête. Comme les pays de même niveau de développement ont des demandes représentatives similaires, leurs surplus exportables porteront sur les mêmes produits.

La nouvelle théorie considère que l'échange de produits similaires, différenciés par leurs qualités (différenciation verticale) ou leurs caractéristiques esthétiques (différenciation horizontale) est en contradiction manifeste avec la théorie traditionnelle dans la mesure où ce type d'échange intervient plus entre pays similaires en termes de niveaux de développement et de dotations factorielles (Krugman, 1983). Pour expliquer ce commerce intra-branche, Krugman (1979) adopte les hypothèses de concurrence monopolistique, de présence d'économies d'échelle et de l'amour pour la variété des consommateurs (cf encadré 4.3). En effet, il considère que dans chaque branche il existe plusieurs firmes (concurrence) mais chacune produisant une variété particulière (monopole) que les consommateurs sont prêts à payer (goût de la variété). De même, il introduit un coût fixe dans la fonction de production des firmes, relâchant ainsi l'hypothèse d'homogénéité de la fonction de production au profit de la notion d'économies d'échelle internes à la firme. La principale conclusion de cette analyse est que plus les pays sont de taille similaire, plus le volume et la part des échanges intra-industriels seront importants car la demande mutuelle pour les produits différenciés des uns et des autres sera plus élevée. Le commerce intra-branche entre pays industrialisés se justifie par le fait que les industries de produits différenciés utilisent des techniques à plus forte intensité de capital dont sont plus dotés ces pays. De même, la taille des pays industrialisés s'est rapprochée pendant la majeure partie de la période d'après-guerre. A la suite de Krugman qui considère que chaque consommateur souhaite consommer toutes les variétés d'un bien (néo-Chamberlin), Lancaster (1980) a adopté les mêmes hypothèses mais en considérant que chaque consommateur définit sa variété idéale du bien (néo-Hotelling). Autrement dit, le modèle de Lancaster repose sur les différentes caractéristiques présentes dans les biens ou qualité des biens (différentiation verticale) plutôt que sur leurs différences intrinsèques (différentiation horizontale). Pour lui, il faut s'attendre à un volume élevé d'échanges intra-industriels même entre des économies identiques à tous égards, entre lesquelles aucun échange ne serait prévu selon la logique de la théorie traditionnelle (avantage comparatif). Il a démontré que des économies similaires peuvent générer plus d'échanges mutuels que des économies dissemblables. Ces analyses constituent en même temps une réponse au paradoxe de Leontief.

Encadré 4.3. Hypothèses du modèle de concurrence imparfaite de Dixit-Stiglitz-Krugman (DSK)

Hypothèses :

- Concurrence monopolistique parfaite/différentiation horizontale
- Rendement d'échelles internes croissants
- Hétérogénéité des gouts/préférences des consommateurs
- Economie fermée puis ouverte (absence de barrières) à des pays similaires (gout et technologie) mais différents en taille de marché

Implication du modèle :la spécialisation est créatrice d'avantage comparatif et non l'inverse

En plus de la concurrence monopolistique, d'autres auteurs ont considéré la concurrence oligopolistique dans l'explication du commerce intrabranche (Brander, 1981 ; Brander et Krugman, 1983). Brander (1981) considère le cas de deux pays similaires produisant des biens homogènes et non différenciés ainsi que l'existence d'économies d'échelle internes garantissant une rente de monopole aux firmes. Il parvient à montrer l'existence de gain à l'échange entre les deux pays (accroissement des parts de marchés) qui est caractérisé par le passage d'une situation de monopole à une situation de duopole à la Cournot. Brander et Krugman (1983) introduisent des coûts de transport dans le modèle du fait que la firme supporte un coût en exportant. Dans ce cas, elle va produire moins à l'export et fera moins de profit sur le marché extérieur que sur le marché domestique. L'échange est bénéfique car chaque firme peut pratiquer une discrimination par les prix, en proposant un prix à l'export différent du prix sur le marché intérieur. C'est une situation de dumping réciproque. Cependant, en termes de bien être, l'effet pourrait être incertain. D'un côté, l'ouverture aux échanges met les firmes en concurrence, ce qui érode leur pouvoir de marché et réduit les prix au profit des consommateurs. D'un autre côté, l'échange de biens homogènes entraîne une perte sèche car importer un bien qui est aussi produit sur place entraîne des coûts inutiles en transport, sauf s'ils sont relativement faibles.

Qu'il s'agisse de la théorie du commerce intrabranche horizontal (Helpman et Krugman, 1985) ou vertical (Flam et Helpman, 1987 ; Falvey et Kierzkowski, 1987), la prise en compte de la concurrence monopolistique (à la Chamberlin, 1933) ou oligopolistique, des économies d'échelles et de la similitude dans les dotations factorielles, permet d'expliquer ce commerce intrabranche qui se développe principalement entre pays industrialisés[53]. Il est à noter que Helpman et Krugman (1985) ont développé un modèle de synthèse des modèles explicatifs du commerce intra-branche en intégrant le modèle HOS dans l'analyse. Ils font apparaitre que les différences de dotations factorielles entre pays favorisent des échanges interbranches (théorie traditionnelle), alors que les pays qui

[53] En plus de la théorie du commerce intra-branche, la théorie de la concurrence technologique pourrait permettre d'expliquer le commerce qui se développe entre des pays industrialisés (voir Krugman, 1983)

ont des dotations factorielles semblables sont conduits à faire des échanges intra-branches (nouvelle théorie).

8.3. Des pays aux firmes : les échanges intra-firmes ou la spécialisation verticale

Les échanges entre unités d'une même entreprise sont qualifiés d'intra-groupe ou d'intra-firme. Selon Helpman (1984), les firmes exploitent les différences d'avantages comparatifs entre pays en fragmentant géographiquement les différentes étapes du processus de production [54]. Il s'agit de renoncer à l'hypothèse du commerce de produits finis. Si on peut faire du commerce de produits intermédiaires, il peut y avoir des flux intrafirmes qui correspondent à une division internationale des processus productifs. Cette spécialisation verticale implique une segmentation de la production entre différents pays qui échappe aux modèles de la théorie traditionnelle du commerce international fondée sur le commerce des produits finis.

Les modèles du commerce intrafirme prennent en compte le rôle des coûts de transaction, de la spécificité des actifs et des contrats incomplets dans l'espace international en s'appuyant sur la théorie moderne de la firme, développée par Williamson (1985), Grossman et Hart (1986) et Hart et Moore (1990). Le commerce international n'est pas fondé sur les seules caractéristiques des pays mais aussi sur le comportement productif des firmes : c'est la « nouvelle » nouvelle théorie du commerce international.

[54] La théorie des chaines de valeurs globales s'inscrit dans cette perspective de spécialisation par étapes et la valeur ajoutée y associée (Gereffi, 1999)

Le commerce intrafirme est expliqué par l'interdépendance des choix des firmes (Helpman et Grossman, 2003) et l'hétérogénéité intra-sectoriel et intersectoriel des choix organisationnels des firmes (Antras, 2000 ; Melitz, 2003). Grossman et Helpman (2002), dans un modèle d'équilibre général, montrent que les choix d'organisation verticale des firmes déterminent directement un commerce international lié à la spécialisation verticale. Dans ce modèle, les firmes doivent décider entre produire l'input ou confier sa production à un sous-traitant en comparant les coûts de transaction associés. En élargissant cette analyse en économie ouverte, Grossman et Helpman (2003) indiquent qu'une firme qui prend la décision de produire l'input à l'étranger est confrontée au choix de l'internationalisation de la firme (IDE)[55] et un choix de sous-traitance. Il apparait clairement que les logiques d'organisation verticale des firmes déterminent la spécialisation et les flux de commerce international.

En complément des analyses précédentes de Grossman et Helpman, Antras (2003) et Melitz (2003) mettent en évidence une matrice de choix sur la forme organisationnelle (intégrée ou externalisée) et la localisation (Nord ou Sud). Ainsi, les coûts fixes, les coûts variables et la répartition des profits déterminent les choix de localisation et d'organisation verticale et *in fine* les flux de commerce. Sur cette base, Antràs et Helpman (2004) notent que les firmes d'un même secteur (intra-sectoriel) ou de secteur différent (inter-sectoriel), sont caractérisées par

---

[55] Il convient de noter que l'internationalisation d'une entreprise peut prendre différentes formes : exportation, implantation d'une filiale de commercialisation, possession d'une unité de fabrication (investissement greenfield ou rachat d'une entreprise locale), vente de licence à un partenaire étranger ou accord de sous-traitance avec un fabricant local. Elle peut prendre donc la forme d'intégration verticale (flux intra-firme et complémentarité IDE et commerce) ou horizontale (firme multinationale)

des hétérogénéités dans la productivité. Ils définissent un équilibre dans lequel des entreprises ayant des niveaux de productivité différents choisissent des structures de propriété et des emplacements de fournisseurs différents. Dès lors, ils justifient pourquoi les firmes les plus productives choisissent d'investir à l'étranger car elles peuvent surmonter les coûts fixes d'entrée sur le marché étranger et les moins productives servent uniquement le marché domestique. Ces analyses complètent la théorie du cycle de vie de Vernon (1966) tout en clarifiant les formes organisationnelles relatives à cette délocalisation de la firme. Elles prolongent aussi le paradigme éclectique ou paradigme OLI de Dunning (1980) qui avait expliqué que l'incitation des firmes à se multinationaliser est liée aux avantages de la firme (*Ownership*), aux avantages spécifiques des pays susceptibles d'accueillir des investissements (*Location*) et aux avantages de l'internalisation *(Internalization*).

En mettant en avant le rôle des firmes dans le commerce, les nouveaux théoriciens accordent une place de choix aux déterminants microéconomiques plutôt que macroéconomiques liés aux caractéristiques des nations. Il ne s'agit pas pour autant d'une remise en cause totale des théories traditionnelles mais d'un complément d'analyse sur les logiques des flux commerciaux observés surtout après la seconde guerre mondiale. La place prépondérante des firmes dans ces analyses traduit aussi le fait que celles-ci se trouvent dans un environnement de mondialisation où la concurrence est accrue. Cela semble renouveler l'intérêt de l'interventionnisme à travers une politique commerciale stratégique de soutien aux industries nationales.

8.4. La politique commerciale stratégique, un renouveau du protectionnisme ?

La politique commerciale stratégique désigne des interventions de l'Etat pour accroitre la compétitivité des industries locales dans le commerce transfrontalier[56]. Elle est née avec l'application de la théorie des jeux au commerce international. La prise en compte du comportement stratégique des firmes dans le commerce permet d'expliquer la constitution de cartels et d'ententes et pourquoi l'intervention de l'Etat. L'argument de la politique commerciale stratégique remonte aux travaux de Spencer et Brander (1983) qui considèrent un duopole international de Cournot où deux entreprises se concurrencent sur un marché. L'intervention de l'Etat qui peut prendre la forme de R&D ou de soutiens aux exportations (subvention), permet à l'entreprise domestique de capturer une plus grande part de marché. En raison de la concurrence imparfaite (oligopolistique en l'occurrence), l'intervention de l'Etat surtout dans des secteurs de hautes technologies et à forts investissements, permet aux entreprises domestiques d'être leaders sur le marché international en déplaçant les rendements excédentaires des entreprises étrangères vers les entreprises nationales.

Krugman (1984) a soutenu cette forme de protectionnisme stratégique en justifiant l'utilisation de la protection tarifaire comme un instrument de promotion des exportations. Il démontre que la protection est source de gains de productivité qui permettent de gagner des parts de

[56] Les instruments de cette politique sont essentiellement les tarifs douaniers, les mesures quantitatives (quota et restriction volontaire aux exportations), les dépréciations monétaires volontaires (dévaluation compétitive), le protectionnisme gris (normes techniques, sanitaires, environnementales, sociales), etc.

marché à l'exportation. Dans un article antérieur, Lancaster (1979) avait soutenu que les droits de douanes peuvent parfois accroître les échanges intra-industriels. Dans la même logique, la théorie de « l'échange encadré » (*managed trade*) de Bagwell et Staiger (1990) renforce en partie le besoin de protection dans une situation de commerce volatile-hausse et baisse du volume des échanges. A travers un modèle de jeu répété, ils montrent qu'un volume d'échanges élevé incite davantage les pays à s'écarter unilatéralement des niveaux tarifaires coopératifs. Par conséquent, lorsque le volume des échanges augmente, le niveau de protection doit augmenter dans un équilibre coopératif afin d'atténuer l'augmentation du volume des échanges et de contenir l'incitation à la fraude. Le modèle étant dynamique, la menace de punition par la partie ayant dévié du tarif définit dans l'accord commercial coopératif, constitue la raison de la coopération tacite qui existerait entre deux pays. Mais tout comme le recommandent les dispositions de sauvegarde de la GATT, en période d'incertitudes (volatilité du commerce), les pays ont le droit d'augmenter le niveau de protection.

Krugman reste tout de même prudent quant aux effets de la politique commerciale stratégique sur le bien-être qu'il n'a pas pris en compte dans ses analyses. D'ailleurs, il présente par la suite (Krugman, 1987), les critiques à la politique commerciale stratégique à trois niveaux :

- il est impossible de formuler des politiques interventionnistes utiles étant donné les difficultés empiriques liées à la modélisation des marchés imparfaits ;
- les gains éventuels de l'intervention seront dissipés par l'entrée d'entreprises à la recherche d'une rente ;

- les considérations d'équilibre général augmentent radicalement la difficulté empirique de formuler des politiques commerciales interventionnistes et rendent encore plus improbable le fait que ces politiques fassent plus de bien que de mal.

Pour Krugman, le libre-échange peut servir de point de référence sur lequel les pays peuvent se mettre d'accord pour éviter les guerres commerciales. Il peut également servir de principe simple pour résister aux pressions exercées par les intérêts particuliers. La nouvelle théorie du commerce conduit à considérer que l'avantage comparatif est un modèle incomplet du commerce mais que le libre-échange est néanmoins la bonne politique. Cette incomplétude a aussi suscité un intérêt pour les avantages compétitifs.

9. L'innovation des firmes comme une source d'avantage compétitif ou concurrentiel national : vers une théorie unifiée du commerce?

La compétitivité d'une nation dépend de la capacité de ses industries à innover et à se moderniser (Porter, 1990). Une entreprise dispose d'avantages compétitifs si elle peut obtenir les mêmes bénéfices à moindre coût ou réaliser des bénéfices plus élevés que ses concurrents. Dans ce cas, les facteurs à la fois macroéconomiques et microéconomiques sont tous importants. En effet, Porter (1990) a regroupé ces facteurs à la base des avantages compétitifs en quatre : (1) les facteurs de production, (2) la demande, (3) les industries connexes et de soutien et (4) la stratégie, la structure et la rivalité des entreprises. C'est pourquoi cette théorie est vue comme une unification des théories traditionnelles et modernes.

Les facteurs de production renferment le capital physique (terre, minerais, géographie, etc.), humain et financier, les infrastructures et la connaissance (scientifique, technique, etc.). Ces facteurs de production sont à la base des avantages comparatifs. Cependant, l'avantage compétitif dépend de l'efficience et de l'efficacité de leur exploitation par chaque pays. Quant à la demande, elle permet d'obtenir un avantage compétitif grâce aux économies d'échelle. Elle accroit l'innovation et permet aux firmes locales de croitre plus vite que leurs concurrents étrangers. En ce qui concerne les industries connexes et de soutien, cela fait référence à la présence ou l'absence dans le pays des industries de fourniture et d'autres industries connexes qui sont compétitives à l'échelle internationale. L'existence d'industrie de soutien ou de fournisseurs compétents peut permettre à une entreprise d'exploiter avec succès son business. De même, en présence d'industries connexes, la firme va s'intégrer dans une chaîne de valeur et lui fournir des connaissances, technologies et produits complémentaires dont elle a besoin pour croitre. Enfin, la stratégie, la structure et la rivalité des entreprises sont les conditions qui régissent la création, l'organisation et la gestion des entreprises dans une nation, ainsi que la nature de la rivalité nationale. La concurrence au niveau national incite les entreprises d'un même secteur à accroître la qualité de leurs produits et à réduire leurs coûts d'exploitation, à investir dans le développement de nouveaux produits. L'utilisation efficace et efficiente des dotations en facteurs (macro) et la capacité de la firme à innover constamment sont donc à la base des avantages compétitifs d'une nation. C'est dans cette logique également que les avantages dynamiques prennent tout leur sens. La prospérité nationale est construite et non héritée comme le soutiennent les théories traditionnelles[57].

En plus de la compétitivité des entreprises, l'approche de Porter est centrée sur le rôle de l'Etat. L'Etat a un rôle à jouer en ce sens qu'il peut influer sur les facteurs de production par le biais de subventions, d'investissements dans l'éducation et infrastructurels, etc. Il peut également actionner la demande ou l'orienter à travers sa propre demande par les marchés publics. L'Etat peut réglementer les formes de publicité ou les activités de vente pour influencer les industries de soutien. Enfin, il peut utiliser la fiscalité et le droit de la concurrence déloyale pour influencer la structure stratégique et la concurrence des entreprises.

En somme, considérer à la fois des avantages compétitifs dynamiques créés par l'innovation et la différenciation, et des avantages comparatifs déterminés par des facteurs naturels et immuables, permet dans une théorie unifiée du commerce, de comprendre la spécialisation de certains pays dans des secteurs à haute valeur ajoutée et la complexité des échanges modernes. La prise en compte combinée des contributions des auteurs comme Krugman, Helpman, Grossman, Melitz et Baldwin constituerait la boussole d'une théorie unifiée. Il est tout de même ambitieux de concevoir un tel cadre tant les différentes sources de gains à l'échange sont légion et controversées.

---

[57] Voir aussi la théorie des avantages compétitifs selon la vision fondée sur les ressources (*resource based view*)

Conclusion générale

A l'issue des réflexions théoriques présentées dans cet ouvrage, il est possible de dégager trois principales conclusions. La première porte sur l'intérêt du pluralisme dans l'analyse des phénomènes économiques, la deuxième sur l'incomplétude des modèles économiques actuels et la troisième sur les perspectives.

Sur le pluralisme de l'analyse économique, il convient de rappeler que les orthodoxes se fondent sur la théorie de l'équilibre général et l'hypothèse de la rationalité des agents. Bien qu'ils permettent des analyses quantitatives et prédictives, ils restent tout de même idéalistes et pourraient s'éloigner des réalités économiques et sociales. Par exemple, l'hypothèse de l'efficience des marchés financiers, qui a valu le prix Nobel à Eugène Fama en 2013, a montré ses limites avec les crises financières. En combinant avec les analyses qualifiées d'hétérodoxes, cela permet des analyses interdisciplinaires (économie, sociologie et science politique, etc.) plus ouvertes à des méthodologies qualitatives. C'est ce pluralisme méthodologique que ce livre essaye de mettre en exergue à travers une approche d'histoire de la pensée économique ; une façon unique d'exposer les courants de pensées dans leur globalité. Dans la sphère académique, les enseignements devraient évoluer pour se fonder davantage sur ce pluralisme qui autorise la contradiction, fondement de toute science.

L'histoire de la pensée économique sur la croissance, le chômage, l'inflation et le commerce international, fait ressortir l'inexistence d'un cadre cohérent et détaillé pour analyser les quatre phénomènes à la fois. Cependant, la nouvelle synthèse néoclassique dans laquelle les Classiques et les Keynésiens se rejoignent sur certaines hypothèses (en l'occurrence l'hypothèse d'anticipations rationnelles), constitue une avancée du pluralisme méthodologique. En effet, les modèles d'équilibre général dynamique stochastique (*DSGE*) issus de cette synthèse, peuvent être étendus pour simuler comment des chocs extérieurs ou des politiques économiques influencent la croissance, le chômage, l'inflation et le commerce international. Ces modèles se fondent sur les hypothèses d'optimisation intertemporelle des entreprises et des ménages, d'anticipations rationnelles (NEC), d'existence des chocs aléatoires (cycles réels), de concurrence imparfaite et des ajustements de prix coûteux à court terme (NEK). Néanmoins, les hypothèses d'anticipations rationnelles, d'optimisation intertemporelle et d'agent représentatif ne permettent pas à ces modèles de saisir toute la quintessence de la complexité du comportement des agents économiques.

Les nouveaux phénomènes dans le monde contemporain notamment les crises financières, géopolitiques, climatiques, démographiques, sanitaires, inégalitaires et les avancées dans le numérique, etc., mettent à rude épreuve les modèles économiques actuels. Qu'il s'agisse des modèles de croissance, du chômage, de l'inflation et du commerce international pris individuellement, ou des modèles DSGE, un renouvèlement paradigmatique s'avère nécessaire pour questionner ces nouvelles problématiques mondiales en intégrant plus de complexité, de réalisme et de capacité à représenter des interactions non linéaires et des chocs exogènes. Cela passe nécessairement par l'intégration des modèles des courants à la fois orthodoxes et hétérodoxes qui combine différentes approches analytiques et pluridisciplinaires. Une telle approche hybride permet non seulement de mieux comprendre les dynamiques de l'économie moderne, mais aussi de formuler des politiques économiques plus efficaces et adaptées aux réalités actuelles.

Bibliographie

Ackley, G. (1959). Administered prices and the inflationary process. *The American Economic Review*, *49*(2), 419-430.

Aghion, P., and P. Howitt. (1992). "A Model of Growth Through Creative Destruction," *Econometrica* 60, 323–351.

Aghion, P., and P. Howitt. (1996). "The Observational Implications of Schumpeterian Growth Theory," *Empirical Economics* 21, 13–25.

Aghion, P., and P. Howitt. (1998). *Endogenous Growth Theory*. Cambridge, MA: MIT Press

Akerlof, G. A. (1979). The case against conservative macroeconomics: An inaugural lecture. *Economica*, *46*(183), 219-237.

Akerlof, G. A. (1984). Gift exchange and efficiency-wage theory: Four views. *The American Economic Review*, *74*(2), 79-83.

Amin, S. (1973). Le Développement inégal, Editions de Minuit, Paris.

Antràs, P. (2003). Firms, contracts, and trade structure. *The Quarterly Journal of Economics*, *118*(4), 1375-1418.

Antras, P., & Helpman, E. (2004). Global sourcing. *Journal of political Economy*, *112*(3), 552-580.

Arghiri, E. (1969). L'Echange Inégal, Maspero, Paris

Arrow K. (1973) Higher Education as a Filter, *Journal of Public Economics*, vol. 2, n° 3, pp. 193-216.

Arrow, K. J. (1962). The economic implications of learning by doing. *The review of economic studies*, *29*(3), 155-173.

Azariadis C. (1975). Implicit contracts and fixed price equilibria. Journal of Political Economy, 83, pp.1 183-1202.

Backhouse, R. E., Forder, J., & Laskaridis, C. (2023). The natural rate of unemployment and the NAIRU. *European Economic Review*, *159*, 104563.

Bagwell K and Staiger R, (1990). A theory of managed trade. American Economic Review,80, 779-795

Baily M. (1974). "Wages and Employment under Uncertain Demand", Review of Economic Studies, 41, pp.37-50.

Balassa, B. (1966). Tariff reductions and trade in manufacturers among the industrial countries. *The American Economic Review*, *56*(3), 466-473.

Barro, R. J. (1990). Government spending in a simple model of endogeneous growth. *Journal of political economy*, *98*(5, Part 2), S103-S125.

Barro, R. J., & Grossman, H. I. (1971). A general disequilibrium model of income and employment. *The American Economic Review*, *61*(1), 82-93.

Baumol, W. J. (1967). Macroeconomics of unbalanced growth: the anatomy of urban crisis. *The American economic review*, *57*(3), 415-426.

Becker, G. S. (1964). Human capital theory. *Columbia, New York*

Becker, G. S., Murphy, K. M., & Tamura, R. (1990). Human capital, fertility, and economic growth. *Journal of political economy*, *98*(5, Part 2), S12-S37.

Benassy, J. P. (1975). Neo-Keynesian disequilibrium theory in a monetary economy. *The Review of Economic Studies*, *42*(4), 503-523.

Benhabib, J and R.H. Day, (1982). A characterization of erratic dynamics in the overlapping generations model, Journal of Economic Dynamics and Control 4, 37-55.

Blanchard,O and L.Summers.(1987). Hysteresis in unemployment. European Economic Review Volume 31, Issues 1–2, Pages 288-295

Blejer, M. I., & Cheasty, A. (1988). High inflation, heterodox stabilization, and fiscal policy. *World Development, 16(8), 867-881.*

Boyer R. (1988), "Formalizing growth regimes within a regulation approach. A method for assessing the economic consequences of technological change", in Dosi G., Freeman Ch., Silverberg G., Soete L. (eds) Technical Change and Economic Theory: The Global Process of Development (2ème partie), Londres, Frances Pinter, pp. 608-30.

Brander, J. A. (1981). Intra-industry trade in identical commodities. *Journal of international Economics*, *11*(1), 1-14.

Brander, J., & Krugman, P. (1983). A 'reciprocal dumping'model of international trade. *Journal of international economics*, *15*(3-4), 313-321.

Brasseul, J., & Lavrard-Meyer, C. (2016). Chapitre 6. Les théories du commerce international et du développement. *Collection U*, *4*, 244-278.

Buchanan, J. M., & Tullock, G. (1962). The calculus of consent. Ann Arbor: University of Michigan Press.

Cahuc P. et Zylberberg A. (1994), «Que reste-t-il de la théorie du salaire d'efficience? », Revue Économique, vol.45, 3

Cahuc, P., & Zylberberg, A. (1999). Le modèle WS-PS. Annales d'Economie et de Statistique, 1-30.

Calvo, G. A. (1983). Staggered prices in a utility-maximizing framework. *Journal of monetary Economics*, *12*(3), 383-398.

Canavese, A. J. (1982). The structuralist explanation in the theory of inflation. *World Development, 10(7), 523-529.*

Cass, D. (1965). Optimum growth in an aggregative model of capital accumulation. *The Review of economic studies*, *32*(3), 233-240.

Chamberlin, E. (1933). Monopolistic competition and Pareto optimality. *Journal Of Business & Economics Research*, 17-28.

Chang, H. J. (2003). Kicking away the ladder: Infant industry promotion in historical perspective. *Oxford Development Studies*, *31*(1), 21-32.

Claassen, E. M. (1976). The role of economic size in the determination and transmission of world inflation. In *Inflation in Small Countries: Proceedings of an International Conference Held at the Institute for Advanced Studies Vienna, November 1974* (pp. 91-119). Berlin, Heidelberg: Springer Berlin Heidelberg.

Clower, R., & Leijonhufvud, A. (1975). The coordination of economic activities: a Keynesian perspective. *The American Economic Review*, *65*(2), 182-188.

Clower, R.W. (1965) "The Keynesian Counterrevolution", The Theory of Interest Rates, Brechling and Hahn (eds.), London: Macmillan, 6, pp. 103 – 125

Colander, D., Holt, R., & Rosser Jr, B. (2004). The changing face of mainstream economics. *Review of Political Economy*, *16*(4), 485-499.

Creel 1, J., & Sterdyniak, H. (2001). La théorie budgétaire du niveau des prix, un bilan critique. *Revue d'économie politique, 111(6), 909-939.*

Day, R. H. (1982). Irregular growth cycles. *The American Economic Review*, *72*(3), 406-414.

De Vroey, M. (2000). IS-LM à la Hicks versus IS-LM à la Modigliani. *History of Political Economy*, *32*(2), 293-316.

Diamond, P.A., (1982). "Wage Determination and Efficiency in Search Equilibrium," Review of Economic Studies 49, 761-782.

Dixit, A. K., & Stiglitz, J. E. (1977). Monopolistic competition and optimum product diversity. *The American economic review*, *67*(3), 297-308.

Doeringer P., Piore M. (1971). Internal Labor Markets and Manpower Analysis, Lexington (Mass.)

Domar, E. D. (1946). Capital expansion, rate of growth, and employment. *Econometrica, Journal of the Econometric Society*, 137-147.

Dostaler G. (1988). La théorie post-keynésienne, la Théorie générale et Kalecki. In: Cahiers d'économie politique, n°14-15, 1988.

Drazen A., Helpman E. (1988) "The Effect of Policy Anticipations on Stabilization Programs". European Economic Review, 32, p. 680—686

Drazen A., Helpman E. (1990) “Inflationary Consequences of Anticipated Macroeconomic Policies”. Review of Economic Studies, 57, p. 147—166.

Drèze, J. (1975). Existence of an equilibrium under price rigidity and quantity rationing. *International Economic Review*, *16*(2), 301-20.

Dunlop J. T. (1944). Wage determination under Trade Unions, MacMillan, Londres.

Dunning, J. H. (1980). Toward an eclectic theory of international production: Some empirical tests. In *The Eclectic Paradigm: A Framework for Synthesizing and Comparing Theories of International Business from Different Disciplines or Perspectives* (pp. 23-49). London: Palgrave Macmillan UK.

Falvey, R and Kierzkowski, H. (1987). Product Quality, Intra-industry Trade and (Im) Perfect Competition. In: Kierzkowski, H. (ed.): Protection and Competition in International Trade. Oxford: Blackwe

Fischer, S. (1977). Long-term contracts, rational expectations, and the optimal money supply rule. *Journal of political economy*, *85*(1), 191-205.

Flam, H and Helpman, E. (1987). Vertical Product Differentiation and North-South Trade. American Economic Review,76(5):810-82

Frankel, M. (1962) The Production Function in Allocation and Growth: A Synthesis American Economic Review 52, 996-1022

Frenkel, J.A (1976). "Adjustment Mechanisms and the Monetary Approach to the Balance of Payments: A

Doctrinal Perspective," in Claassen and Salin, eds. 28, pp. 29-48.

Friedman, M. (1968) "The Role of Monetary Policy,"*American Economic Review*, 58, pp. 1–17.

Friedman, M. (1970). The Counter-revolution in Monetary Theory. *The Institute of Economic Affairs*.

Frisch, H. (1977). Inflation Theory 1963-1975: A" second generation" survey. *Journal of Economic Literature*, 1289-1317.

Galı, J., & Gertler, M. (1999). Inflation dynamics: A structural econometric analysis. *Journal of monetary Economics*, *44*(2), 195-222.

Gallaway, L. E. (1958). The wage-push inflation thesis, 1950-1957. *The American Economic Review, 48(5), 967-972.*

Galor, O., & Weil, D. N. (1996). The Gender Gap, Fertility, and Growth," American Economic Review, 86(3), pp. 374-387

Galor, O., & Weil, D. N. (1999). From Malthusian stagnation to modern growth. American Economic Review, 89(2), 150-154.

Galor, O., & Weil, D. N. (2000). Population, technology, and growth: From Malthusian stagnation to the demographic transition and beyond. American economic review, 90(4), 806-828.

Gereffi, G. (1999). International trade and industrial upgrading in the apparel commodity chain. *Journal of international economics*, *48*(1), 37-70.

Goodfriend, M., & King, R. G. (1997). The new neoclassical synthesis and the role of monetary policy. *NBER macroeconomics annual*, *12*, 231-283.

Goodwin, R. M. (1967). A Growth Cycle: Socialism, Capitalism and Economic Growth, 1967, ED. CH Feinstein. In *Essays in economic dynamics* (pp. 165-170). London: Palgrave Macmillan UK.

Gordon R. J., (2015). "Secular Stagnation: A Supply-Side View", *The American Economic Review*, 105(5), p. 54-59.

Gordon, R. J. (1976). Recent developments in the theory of inflation and unemployment. *Journal of Monetary Economics*, *2*(2), 185-219.

Gordon R. J. (1977), « The Theory of Domestic Inflation » in Analysis of Domestic Inflation, American Economic Review 67(1), 128-134

Gordon, R. J. (1997). The time-varying NAIRU and its implications for economic policy. *Journal of economic Perspectives*, *11*(1), 11-32.

Greffe, X. (1978). Notes sur la théorie sociologique de l'inflation. *Revue d'économie politique*, *88*(1), 120-135.

Grossman, G. M., & Helpman, E. (1990): « Comparative Advantage and Long Run Growth », American Economic Review,, n° 80 (4), pp. 796-815

Grossman, G. M., & Helpman, E. (1991a). Endogenous product cycles. *The economic journal*, *101*(408), 1214-1229.

Grossman, G. M., & Helpman, E. (1991b). Quality ladders in the theory of growth. *The review of economic studies*, *58*(1), 43-61.

Grossman, G. M., & Helpman, E. (1994). Protection for Sale. American Economic Review 84, 833-50

Grossman, G.M., & Helpman, E. (2002). Integration versus outsourcing in industry equilibrium. *The quarterly journal of economics*, *117*(1), 85-120.

Grossman, G. M., & Helpman, E. (2003). Outsourcing versus FDI in industry equilibrium. *Journal of the European Economic Association*, *1*(2-3), 317-327.

Grossman, S. J., & Hart, O. D. (1986). The costs and benefits of ownership: A theory of vertical and lateral integration. *Journal of political economy*, *94*(4), 691-719.

Haavelmo, T. (1956) A Study in the Theory of Economic Evolution. Amsterdam : North-Holland.

Hansen A. H. (1939): "Economic Progress and Declining Population Growth," American Economic Review 29 (March, No. 1), 1-15

Hansen, A. (1949). Monetary Theory and Fiscal Policy. New York: McGraw-Hill.

Hansen, B. (1951) A Study in the Theory of inflation. London

Hansen, L. P., & Sargent, T. J. (1980). Formulating and estimating dynamic linear rational expectations models. *Journal of Economic Dynamics and control*, *2*, 7-46.

Harrod, R. F. (1939). An essay in dynamic theory. *The economic journal*, *49*(193), 14-33.

Hart, O., & Moore, J. (1990). Property Rights and the Nature of the Firm. *Journal of political economy*, *98*(6), 1119-1158.

Heckscher, E. (1919) “The effect of foreign trade on the distribution of income”, Ekonomisk Tidskrift, Vol. 21, pp. 497–512.

Helpman, E and Krugman, P. (1985). Market Structure and Foreign Trade. Cambridge: MIT Pres

Helpman, E. (1984). Increasing returns, imperfect markets, and trade theory. *Handbook of international economics*, *1*, 325-365.

Helpman, E., and Trajtenberg, M. (1998), A Time to Sow and a Time to Reap: Growth Based on General Purpose Technologies, In General Purpose Technologies and Economic Growth, eds., E. Helpman, MIT Press, Cambridge, MA.

Hicks, J.R. (1937). Mr. Keynes and the “Classics.” Econometrica 5.2:147–59.

Hicks, J. R. (1974). The Crisis in Keynesian Economics. Oxford: Basil Blackwell

Hobson, J. A. (1902). The scientific basis of imperialism. *Political Science Quarterly*, *17*(3), 460-489.

Holmström, B. (1979). Moral hazard and observability. *The Bell journal of economics*, 74-91.

Holmström, B. (1981). Contractual models of the labor market. *The American Economic Review*, *71*(2), 308-313.

Howitt, P. (2010). Endogenous growth theory. In *Economic growth* (pp. 68-73). London: Palgrave Macmillan UK.

Johnson, H. G. (1972). The monetary approach to balance-of-payments theory. *Journal of financial and quantitative analysis*, *7*(2), 1555-1572.

Kaldor, N. (1957). A model of economic growth. *The economic journal*, *67*(268), 591-624

Kaldor, N. (1970), The Case for Regional Policies, Scottish Journal of Political Economy, vol. 17, 337-348.

Kalecki, M. (1942). wages and the national income in 1940 and 1941. *Bulletin of the Oxford University Institute of Economics & Statistics*, *4*(7), 150-153.

Kalecki, M. (1971). *Selected essays on the dynamics of the capitalist economy 1933-1970*. CUP Archive.

Keynes, J.M. (1930), A Treatise on Money, Vol. I, London: Macmillan

Keynes, J. M. (1936). The general theory of employment, interest and money. Brace and company.

Kierzkowski I. (1976). Theoretical Foundations of the Scandinavian Model of Inflation. *The Manchester School, 44(3), 232-246.*

Koopmans, T. (1968) "On the Concept of Economic Development," in The Economic Approach to Development Planning. Elsevier, Amsterdam

Krugman, P. R. (1979). Increasing returns, monopolistic competition, and international trade. *Journal of international Economics*, *9*(4), 469-479.

Krugman, P. R. (1983). New theories of trade among industrial countries. *The American Economic Review*, *73*(2), 343-347.

Krugman, P. R (1984). Import protection as export promotion: International competition in the presence of oligopoly and economies of scale. *Imperfect Competition and International Trade/ed. G. Grossman. Cambridge*, 75-86.

Krugman, P. R. (1987). Is free trade passé?. *Journal of economic Perspectives*, *1*(2), 131-144

Kydland, F. E., & Prescott, E. C. (1982). Time to build and aggregate fluctuations. *Econometrica: Journal of the Econometric Society*, 1345-1370.

L'Horty Y. et Thibault F. (1998), « Le chômage d'équilibre, de quoi parlons-nous ? », Revue Fançaise d'Économie, 13(4), 1998, 51-81

Laidler, David E. W. (1977): The Demand for Money: Theories and Evidence, 2nd Edition, New York, Dun-Donnelly Publishing Corporation.

Lancaster, K.J (1979). *Variety, equity, and efficiency: product variety in an industrial society*. Columbia University Press.

Lancaster K.J. (1980), « Intra-industry trade under perfect monopolistic competition », *Journal of International Economics*, vol. 10, pp. 151-175.

Lassudrie-Duchene, B. (1971). La demande de différence et l'échange international. *ISEA, série P*, (19), 961-982.

Layard, R., Nickell, S., & Jackman, R. (1991). Unemployment Oxford: Oxford University Press.

Leeper, E. M.(1991), "Equilibria under 'Active' and 'Passive' Monetary and Fiscal Policies," Journal of Monetary Economics 27

Leibenstein, H. (1957). The theory of underemployment in backward economies. *Journal of political economy*, *65*(2), 91-103.

Leijonhufvud, A. "Keynes and the Keynesians", American Economic Review, May 1967, 57, pp. 401 - 41

Leontief, W. (1953): Domestic Production and Foreign Trade: The American Capital Position Reexamined, Economics International 7, 3-32

Lewis, W. A. (1954), 'Economic Development with Unlimited Supplies of Labour', The Manchester School, vol. 22, no. 2, pp. 139-191

Lindbeck, A. (1979). Imported and Structural Inflation and Aggregate Demand: The Scandinavian. Model Reconstructed', Inflation and Employment in Open Economies, edited by Assar Lindbeck.

Lindbeck, A., & Snower, D. J. (1988). Cooperation, harassment, and involuntary unemployment: an insider-outsider approach. *The American Economic Review*, 167-188.

Lindbeck, A., & Snower, D. J. (1989). Macroeconomic policy and insider power. *The American economic review*, *79*(2), 370-376.

Linder, S. B. (1961). An Essay on Trade and Transformation. *Almqvist and Wiksells*.

Lipsey, R.G. (1960) 'The relationship between unemployment and the rate of change of money wage rates in the United Kingdom, 1861-1957: a further analysis,' Economica 1-31

List, F. (1841) (1857). *Système national d'économie politique*. Capelle.

Long Jr, J. B., & Plosser, C. I. (1983). Real business cycles. *Journal of political Economy*, *91*(1), 39-69.

Lucas, R. E. (1972). Expectations and the Neutrality of Money. Journal of Economic Theory 4 (2): 103-124.

Lucas, R. E. (1973). Some international evidence on output-inflation tradeoffs. *The American economic review*, *63*(3), 326-334.

Lucas, R. E. (1988). On the mechanics of economic development. *Journal of monetary economics*, *22*(1), 3-42.

Magee, S. P., Brock, W. A., & Young, L. (1989). Black hole tariffs and endogenous policy theory. *Cambridge Books*

Malinvaud, E (1977). The Theory of Unemployment Reconsidered. Oxford: Basil Blackwell.

Malthus, T.R. (1798). *An Essay on the Principle of Population*. London: J. Johnson

Mankiw, N.G. (1992). The reincarnation of Keynesian economics, European Economic Review, Volume 36, Issues 2–3, April 1992, Pages 559-565

Mankiw, N. G. (1993). Symposium on keynesian economics today. *The Journal of Economic Perspectives (1986-1998)*, *7*(1), 3.

Mankiw, N. G., & Reis, R. (2002). Sticky information versus sticky prices: a proposal to replace the New Keynesian Phillips curve. *The Quarterly Journal of Economics*, *117*(4), 1295-1328.

Marshall, A. and Marshall, M. P. (1879). The Economics of industry 2nd edn, London, Macmillan

Martin, R., & Sunley, P. (2005). Une convergence lente? La nouvelle théorie de la croissance endogène et le développement régional. *Géographie, économie, société*, *7*(2), 129-154.

Maurin, M. (2010). JM Keynes, le libre-échange et le protectionnisme. *L'Actualité économique*, *86*(1), 109-129.

McCallum, B. T. (1980). Rational expectations and macroeconomic stabilization policy: an overview. *Journal of Money, Credit and Banking*, *12*(4), 716-746.

McDonald, I. M., & Solow, R. M. (1981). Wage bargaining and employment. American Economic Review, 71, 896-908

Melitz, M. J. (2003). The impact of trade on intra-industry reallocations and aggregate industry productivity. *econometrica*, *71*(6), 1695-1725.

Mishkin, F. S. (1984). The causes of inflation. Nber Working Paper Series, No. 1453

Mitchell, W. (2020). Debt and Deficits–an MMT perspective. *Centre of Full Employment and Equity CofFEE, Working Paper*, 20-05.

Modigliani, F., & Papademos, L. (1976). Monetary policy for the coming quarters: the conflicting views. *The New England Economic Review*, 2-35.

Mortensen, D. T., (1970).“A Theory of Wage and Employment Dynamics,” in E.S. Phelps et al (eds.) The Microeconomic Foundations of Employment and Inflation Theory, Norton, New York.

Mosler, W. (1995). *Soft currency economics* (pp. 1997-8). West Palm Beach, FL: Adams, Viner and Mosler.

Muth, J. F. (1961). Rational Expectations and the Theory of Price Movements. Econometrica, 29 (3): 315-335.

Myrdal, G. (1957), Economic Theory and Underdeveloped Regions, London, G. Duckworth

Nickell, S.J. (1982),’A Bargaining Model of the Phillips Curve’, Centre for Labour Economics Discussion Paper, London School of Economics

Ohlin, B. (1933) Interregional and International Trade. Cambridge: Harvard University Press

Okun, A.M., (1978). Efficient disinflationary policies. Am. Econ. Rev. 68 (May), 348–352.

Olson, M. Jr. (1965). The logic of collective action. Cambridge: Harvard University Press.

Pasinetti, L. L. (1962). Rate of profit and income distribution in relation to the rate of economic growth. *The Review of Economic Studies*, *29*(4), 267-279.

Patinkin, D (1957) Money, Interest,and Prices (Evanston,Ill: Row, Peterson)

Pazos F (1972): Chronic inflation in Latin America, New York, Praeger Publishers. Pp 236 – 257.

Phelps,E.(1972) .Inflation policy and unemployment theory. New York: Norton.

Phelps E.S. (1994). Structural Slumps: The Modern Equilibrium Theory of Unemployment, Interest, and Assets, Harvard University Press

Phelps, E. S. (1995). The structuralist theory of employment. *The American Economic Review, 85(2), 226-231.*

Phelps, E. S. (1967). Phillips curves, expectations of inflation and optimal unemployment over time. *Economica*, 254-281.

Phelps, E. S., & Taylor, J. B. (1977). Stabilizing powers of monetary policy under rational expectations. *Journal of political Economy*, *85*(1), 163-190.

Phillips, A.W. (1958) 'The relationship between unemployment and the rate of change of money wage rates in the United Kingdom, 1861-1957,' Economica, 283-99

Pigou A.C. (1927), "Wage policy and unemployment", The Economic Journal, 37 (147), 355 68

Pissarides, C.A., (1976). "Job Search and Participation", Economica, New Series. 43:33-49

Porter, M. E. 1990- (2011). Competitive advantage of nations: creating and sustaining superior performance. simon and schuster.

Posner, M. V. (1961). International trade and technical change. *Oxford economic papers*, *13*(3), 323-341.

Ramsey, F. P. (1928). A mathematical theory of saving. *The economic journal*, *38*(152), 543-559.

Rebelo, S. (1991). Long-run policy analysis and long-run growth. *Journal of political Economy*, *99*(3), 500-521.

Reinert, E. (2012). *Comment les pays riches sont devenus riches et pourquoi les pays pauvres restent pauvres*. Éditions du Rocher.

Ricardo, D. (1817) [1966]. On the Principles of Political Economy and Taxation. London: John Murray. (Reprinted 1966 in The Works and Correspondence of David Ricardo, Vol 1: Principles of Political Economy and Taxation, edited by P. Sraffa. London: Cambridge University Press.)

Robinson, J. (1946). The pure theory of international trade. *The Review of Economic Studies*, *14*(2), 98-112.

Robinson, J. (1962). Essays in the Theory of Economic Growth. London: Macmillan.

Romer, P. M. (1986). Increasing returns and long-run growth. *Journal of political economy*, *94*(5), 1002-1037.

Romer, P. M. (1990). Endogenous technological change. *Journal of political Economy*, *98*(5, Part 2), S71-S102.

Rosen, S. (1986). The theory of equalizing differences," in Orley Ashenfelter and Richard Layard, eds., Handbook of Labor Economics, Volume 1 pp. 641–692

Ross A. M. (1948). Trade union wage policy, University of California Press, Los Angeles.

Rueff J. (1925), "Les variations du chômage en Angleterre », Revue Politique et Parlementaire, 32, Déc., 425-37

Rybczynski, T. M. (1955). Factor endowment and relative commodity prices. *Economica*, *22*(88), 336-341

Samuelson, P. A. (1948). International trade and the equalisation of factor prices. *The Economic Journal*, *58*(230), 163-184.

Samuelson, P.A., and Solow, R.M. (1960) 'Problem of achieving and maintaining a stable price level, analytical aspects of anti-inflation policy,' American Economic Review 50, 177-94

Sargent, T. J. (1973). Rational expectations, the real rate of interest and the natural rate of

Sargent, T. J., & Wallace, N. (1981). Some unpleasant monetarist arithmetic. *Federal reserve bank of minneapolis quarterly review*, *5*(3), 1-17.

Sargent, T.J., and N. Wallace (1973) "Rational Expectations and the Dynamics of hyperinflation," International Economic Review 14: 328-350

Sauvy, A (1980). *La machine et le chômage : les progrès techniques et l'emploi*, Paris, Dunod

Schultz, T. W. (1961). Education and economic growth. *Teachers College Record, 62*(10), 46-88.

Schultze, C. L. (1959). *Recent inflation in the United States (Vol. 81). US Government Printing Office*

Schumpeter, J. A. (1912), The Theory of Economic Development, Cambridge: Harvard University Press

Schumpeter, J. A. (1939). Business Cycles: A Theoretical, Historical, and Statistical Analysis of the Capitalist Process. *McQraw Hill*

Schumpeter, J. A. (1942), Capitalism, Socialism and Democracy, New York

Sims, C.A. (1994), "A Simple Model for the Study of the Determination of the Price Level and the Interaction of Monetary and Fiscal Policy," Economic Theory 4, pp. 381-399.

Smith, A. (1776). An inquiry into the nature and causes of the wealth of nations. London: W. Strahan. *Cadell. Print*.

Solow, R.M. (1956). A contribution to the theory of economic growth. Quarterly Journal of Economics 70, 65–94.

Spence, M. (1973). Job market signaling, Quarterly Journal of Economics 87(3): 355–374.

Spencer, B. J., & Brander, J. A. (1983). International R&D rivalry and industrial strategy. *The Review of Economic Studies, 50*(4), 707-722.

Stiglitz, J. E. (1974). Alternative theories of wage determination and unemployment in LDC's: The labor turnover model. *The Quarterly Journal of Economics*, *88*(2), 194-227.

Stiglitz, J. E. (1976). The efficiency wage hypothesis, surplus labour and the distribution of income in LDCs. Oxford Economic Papers 28:185-207

Stokey, N. L. (1988). Learning by doing and the introduction of new goods. *journal of Political Economy*, *96*(4), 701-717.

Stolper, W. F., & Samuelson, P. A. (1941). Protection and real wages. *The Review of Economic Studies*, *9*(1), 58-73.

Stutzer, J M., (1980). Chaotic dynamics and bifurcation in a macro model, Journal of Economics Dynamics and Control 2, 353-376.

Summers, L. H. (2015). Demand side secular stagnation. *American economic review*, *105*(5), 60-65.

Swan, T.W. (1956). Economic growth and capital accumulation. Economic Record 32, 334–61

Swoboda, A. K. (1973). Monetary policy under fixed exchange rates: effectiveness, the speed of adjustment and proper use. *Economica*, *40*(158), 136-154.

Taylor, J. B. (1980). Aggregate dynamics and staggered contracts. *Journal of political economy*, *88*(1), 1-23.

Tobin, J., (1972). Inflation and unemployment. Am. Econ. Rev. 62 (1), 1–18.

Tobin, J., (1976). Public employment as fiscal policy: Comment. Brook. Papers Econ.Act. (1), 107–110

Tobin, J., Parrinello, S., & Labini, P. S. (1999). Supply constraints on employment and output: NAIRU versus natural rate. In *Economic Theory and Social Justice (pp. 35-62). London: Palgrave Macmillan UK.*

Torrens, R. (1808). The Economists Refuted; Or, An Inquiry into the Nature and Extent of the Advantages Derived from Trade. London: S.A. Ody.

unemployment. Brookings Papers on Economic Activity, 2, 429-480

Uzawa, H. (1965) Optimum technical change in an aggregative model of economic growth. International Economic Review 6, 18-31.

Verdoorn, P. J. (1960):The intra-block trade of Benelux, in Robinson E. A. G. (ed.) Economic Consequences of the Size of Nations, London, Macmillan, 291-329

Vernengo, M. (2005). Money and inflation: A taxonomy. *A Handbook of Alternative Monetary Economics, Edward Elgar.*

Vernon, R. (1966). International Investment and International Trade in the Product Cycle. The Quarterly Journal of Economics, vol 80, No. 2, pp. 190-207

Vernon, R. (1979). The product cycle hypothesis in a new international environment. *Oxford bulletin of economics and statistics*, *41*(4), 255-267.

Walras, L. (1877), Éléments d'économie politique pure, 4è edition

Weil P. (1987) "Permanent Budget Deficits and Inflation". Journal of Monetary Economics, 20, p. 393—410.

Weiss, A. (1980). Job queues and layoffs in labor markets with flexible wages. *Journal of Political economy*, *88*(3), 526-538.

Williamson, O. E. (1985). *The Economic Institutions of Capitalism: Firms, markets, relational Contracting*. Free Press.

Woodford, M. (1994). Monetary policy and price level determinacy in a cash-in-advance economy. *Economic theory*, *4*, 345-380.

Woodford, M. (1995) "Price Level Determinacy without Control of a Monetary Aggregate". Carnegie-Rochester Conference Series on Public Policy, 43, p. 1—46

Table des matières

Chapitre III

Structures éditoriales du groupe L'Harmattan

L'Harmattan Italie
Via degli Artisti, 15
10124 Torino
harmattan.italia@gmail.com

L'Harmattan Hongrie
Kossuth l. u. 14-16.
1053 Budapest
harmattan@harmattan.hu

L'Harmattan Sénégal
10 VDN SICAP AMITIE 3
BP 45034 Dakar-Fann
direction@senharmattan.com

L'Harmattan Cameroun
Tsinga/Derrière polyclinique FECAFOOT
BP 11486 Yaoundé
Jacques.koukam@harmattan.fr

L'Harmattan Burkina Faso
Villa 281, secteur 23 623, rue 14.32
Ouagadougou
zagbie@outlook.fr

L'Harmattan Guinée
Almamya, rue KA 028 OKB Agency
BP 3470 Conakry
harmattanguinee@yahoo.fr

L'Harmattan RDC
185, avenue Nyangwe
Commune de Lingwala – Kinshasa
matangilamusadila@yahoo.fr

L'Harmattan Congo
219, avenue Nelson Mandela
BP 2874 Brazzaville
deunovmikhael@gmail.com

L'Harmattan Mali
Immeuble Mgr Jean Marie Cissé
Aci Hamadallaye
BP 145 Bamako
syllaka@yahoo.fr

L'Harmattan Togo
Djidjole – Maison Amela
face EPP BATOME
02 BP 20680 Lomé
didieramela11@gmail.com

L'Harmattan Côte d'Ivoire
Résidence Karl – Cité des Arts
Abidjan-Cocody
03 BP 1588 Abidjan
harmattan.ivoire@gmail.com

L'Harmattan Bénin
Rue 604, (Immeuble à l'entrée
de la rue UCAO- Cite de Saint-Jean)
Cotonou
stepcorpus@gmail.com

Nos librairies en France

Librairie internationale
16, rue des Écoles
75005 Paris
librairie.internationale@harmattan.fr
01 40 46 79 11
www.librairieharmattan.com

Librairie des savoirs
21, rue des Écoles
75005 Paris
librairie.sh@harmattan.fr
01 46 34 13 71
www.librairieharmattansh.com

www.ingramcontent.com/pod-product-compliance
Lightning Source LLC
LaVergne TN
LVHW010931061026
849535LV00007B/2349
* 9 7 8 2 3 3 6 5 1 0 5 2 1 *